PARISIANISMES POPULAIRES

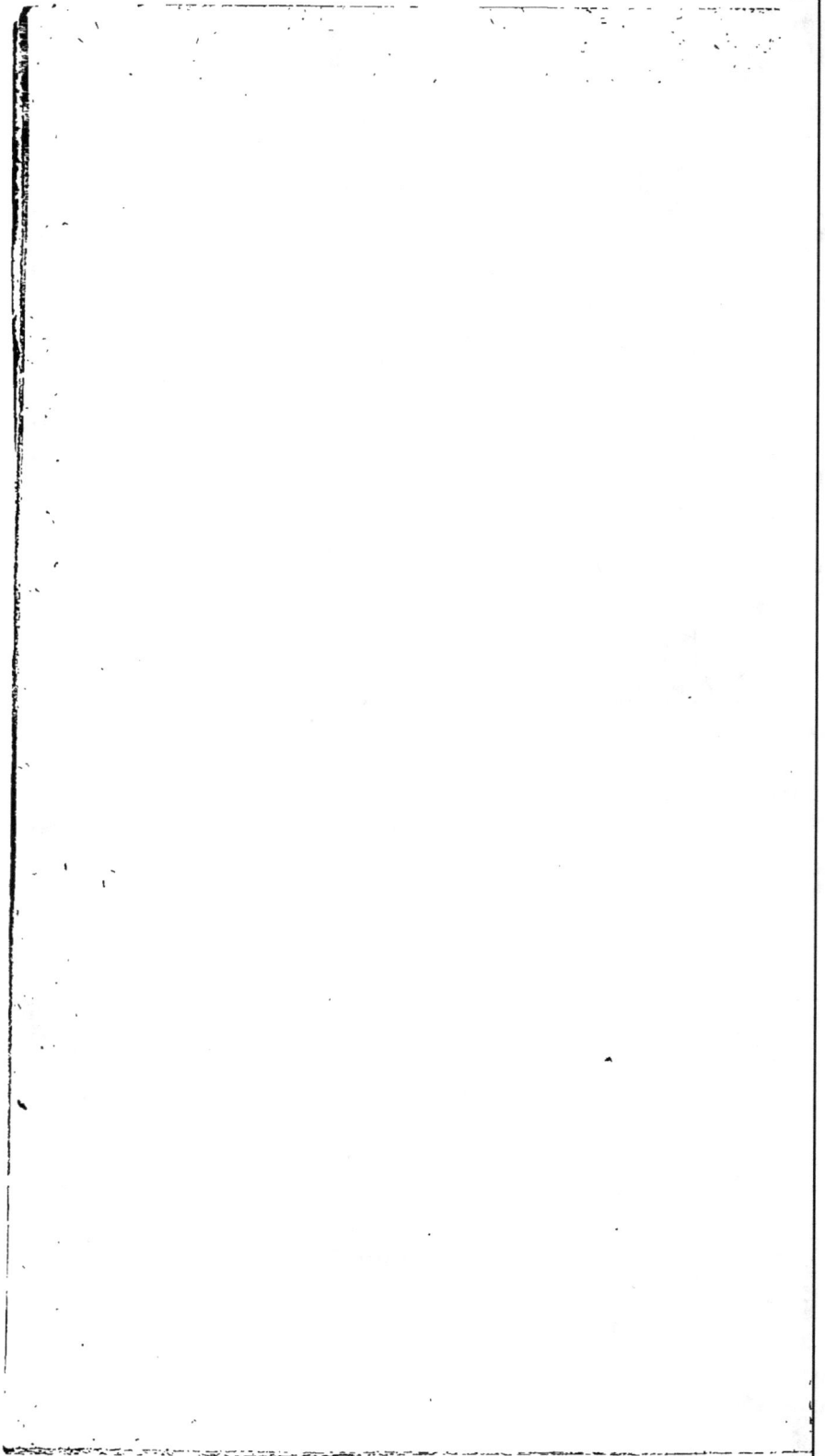

DE QUELQUES

PARISIANISMES

POPULAIRES

ET

AUTRES LOCUTIONS

NON ENCORE OU PLUS OU MOINS IMPARFAITEMENT
EXPLIQUÉES

DES XVIIᵉ, XVIIᶜ ET XIXᵉ SIÈCLES

PAR

CHARLES NISARD

PARIS

MAISONNEUVE & Cⁱᵉ, ÉDITEURS

QUAI VOLTAIRE, 25

1876

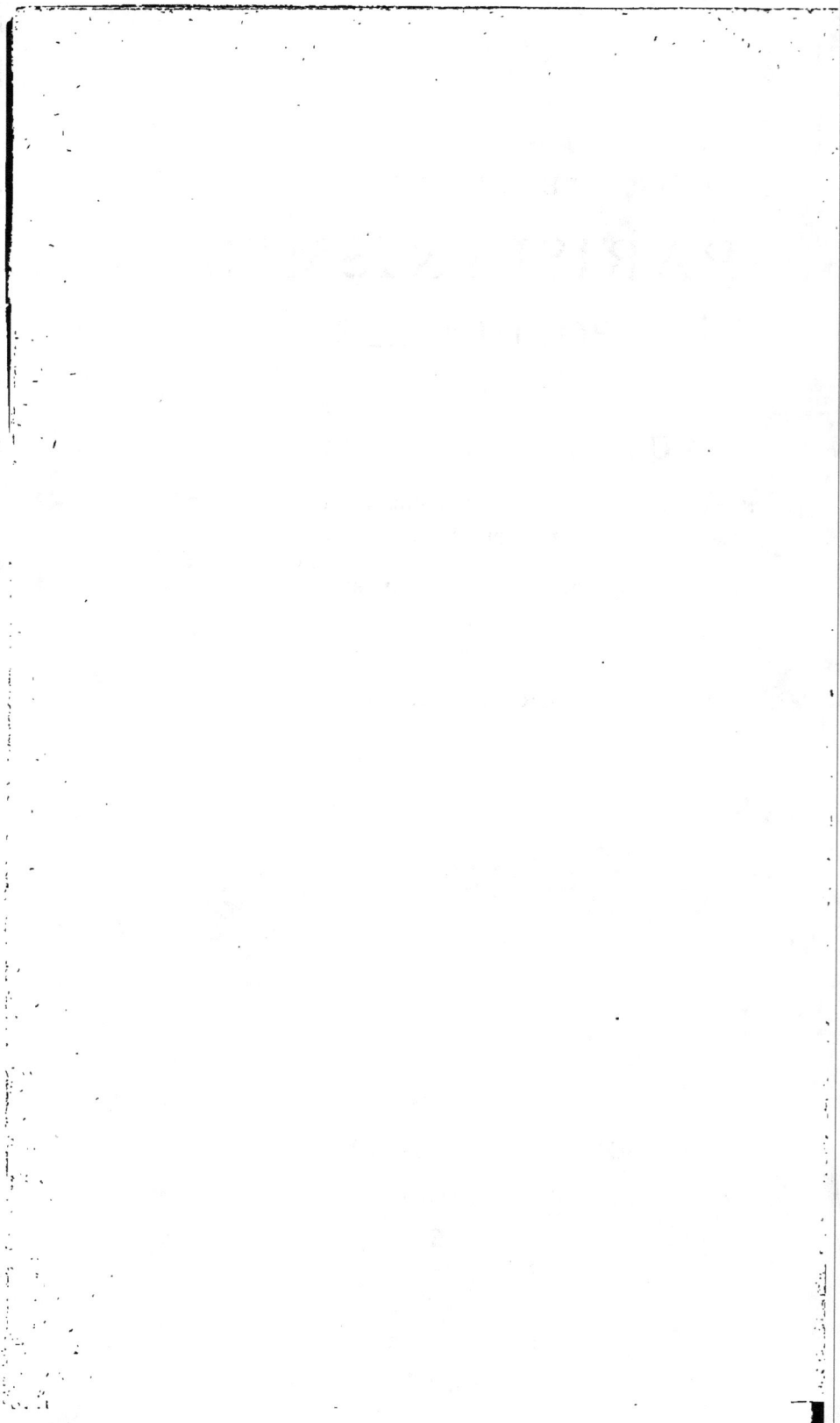

PRÉFACE.

Le petit travail (1) dont j'offre ici au public une édition revue, corrigée et augmentée, a pour objet de donner une idée de la méthode que j'avais suivie dans la composition de mon Dictionnaire du langage populaire parisien, brûlé en manuscrit à l'Hôtel-de-Ville de Paris, par les suppôts de la Commune. Parmi trois à quatre mille mots et locutions dont j'ai encore les fiches, mais sans explications malheureusement, et sans indications d'exemples à l'appui, j'ai fait choix d'un certain nombre de ceux qui sont les plus curieux et qui, pour la plupart,

(1) Il a paru par fragments, l'année dernière et la précédente, dans la *Revue de l'Instruction publique*, publiée à Gand.

sont de purs *parisianismes* ; je les ai expliqués
de nouveau, j'en ai recherché les exemples dans
les auteurs que j'avais pris soin de coter sur
mes fiches, et dans cet état, je les livre au
public comme un échantillon du Dictionnaire
que le pétrole a dévoré.

J'appelle *parisianismes* certains mots, certains tours et certaines locutions figurées ou
non, essentiellement propres au langage populaire de Paris, aux diverses époques où je l'ai
étudié, et dans les livres mêmes qui, bien
qu'écrits en langage commun, ont mêlé à leur
style plus ou moins de cette piquante saumure.
Ces mots, ces tours, ces locutions ne sont pas
de nature à être revendiqués par l'argot, quoiqu'ils aient quelquefois avec lui un air de
famille. Certaines métaphores en ont peut-être
le cynisme ou la violence, mais elles ont en
propre, pour la plupart, cet esprit, ce pittoresque et cette allure prime-sautière qui font
passer sur la grossièreté de la forme, et qui
éclatent et brillent comme des fusées dans une
nuit obscure.

L'argot, plus prémédité, pour ainsi dire, plus recherché, plus travaillé, surtout depuis que le journalisme s'occupe de l'enrichir, n'offre guère ces qualités qu'à l'occasion d'un mot isolé, d'une similitude, d'un rapprochement ou d'un quiproquo; il a peu de ces figures de pensées qui jaillissent naturellement du langage simplement populaire, et lui constituent en quelque sorte une rhétorique.

Il est vrai que ces figures ne sont pas toutes également faciles à comprendre; il en est même quelques-unes qui sont restées pour moi lettres closes et qui semblent défier toutes conjectures raisonnables; mais je doute que la génération lettrée, postérieure à l'époque qui les a vues naître, les ait entendues davantage. Car, qui pensait alors qu'elles valussent la peine d'être expliquées, non plus que les écrits où elles se rencontrent, celle d'être lus ? Mais ce n'est pas une raison pour penser de même aujourd'hui. N'est-il pas en effet singulier que dans les *classiques* du genre, tels que Vadé et De Lécluse, on rencontre des expressions françaises d'ail-

leurs très incompréhensibles, et que les nombreux éditeurs de ces classiques, depuis plus de
cent ans, n'aient ni voulu ni su les interpréter ?
Et cependant, il est de toute évidence que ces
locutions ont trait généralement à des usages et
même à des faits historiques contemporains,
dont les Parisiens, en particulier, seraient bien
aises d'avoir la clef. Je n'ai pas la prétention
d'en donner ici une propre à passer partout,
mais je pense avoir trouvé plus d'une fois la
serrure pour laquelle elle était faite.

Dans le genre de figures que je rappelle ici,
le peuple de Paris a excellé de tout temps, et
alors surtout qu'il n'était pas encore gâté par la
lecture des journaux écrits, dit-on, pour son
plaisir et pour son instruction. Il y a bien profité
sans doute ; le malheur est que non seulement
Paris, mais toute la France en ont payé la folle
enchère. Depuis qu'il fait ses études sous de
pareils maîtres, il a à peu près oublié ses anciennes métaphores ; il ne fait plus que des mots.

Les autorités que j'invoque à l'appui de mes
exemples, sont les mêmes que celles que j'ai

suivies dans mon *Étude* (1). Il ne faut pas se plaindre si parfois je suis un peu prolixe soit dans mes indications, soit dans mes citations. Les ouvrages ou les opuscules que j'allègue et où j'ai puisé mes exemples, sont presque tous devenus si rares qu'on ne sait plus où ni comment les trouver. On a mis à la fin de ce volume un catalogue des principaux.

On m'excusera d'avoir donné une ou deux interprétations du texte en latin ; elles eussent été impossibles en français. Il y a dans les écrits en langage populaire parisien, dans ceux principalement du XVIIIe siècle, quantité de locutions d'un esprit vraiment prodigieux, mais qui demeurent longtemps incompréhensibles, avant que les efforts déployés pour en percer le sens soient couronnés de succès. Après quoi l'on est pas moins confondu des énormités auxquelles elles servent de voile que surpris de ne les avoir pas devinées tout d'abord. C'est que

---

(1) *Etude sur le langage populaire de Paris et de sa banlieue.* Paris, chez Franck, 1872, in-8.

l'intelligence rapide de pareilles formes de langage ne peut s'acquérir que si l'on fait usage
habituellement de celui dont elles font partie,
ou si l'on est obligé de vivre dans le milieu où
il est parlé. Faute de cela, il est besoin pour
y voir clair, d'un travail souvent plus difficile et
plus long que pour débrouiller une énigme.
Dois-je ajouter que si je me suis livré à ce travail, c'est en grammairien critique. Or, pour un
grammairien comme pour un médecin, les
habitudes de la profession rendent également
insensible et aux excitations et aux dégoûts
qu'on peut y rencontrer.

Quelques personnes penseront peut-être qu'il
eût été bon d'employer aussi le latin pour diverses autres locutions qui, sans être obscènes, ne
laissent pas d'offenser la politesse avec le même
sans-gêne et la même grossièreté qu'elles offen-
sent la langue : mais outre qu'une grande partie de ce petit livre eût dû alors être écrit en
latin, je ne crois pas que ma glose, dans les
locutions dont on parle, ait jamais pris le ton
du texte, ni qu'elle ait manqué de termes pour

le poncer, si l'on peut dire, et s'exprimer elle-
même avec décence. En tout cas, c'est le privilége des interprètes d'un langage quelconque de
ne rien omettre de toutes les particularités qui
le caractérisent. L'essentiel est de ne point s'at-
tarder aux plus scabreuses, de façon à s'attirer
le reproche de s'y être complu, et d'y rester
honnête et froid, en ne sacrifiant que ce qui est
possible, des droits de l'examen. J'ai tâché de
réaliser ce programme, et j'espère d'y être
parvenu,

DE QUELQUES

PARISIANISMES POPULAIRES

ET AUTRES LOCUTIONS

NON ENCORE OU PLUS OU MOINS

IMPARFAITEMENT EXPLIQUÉES.

A.

ABIME (J') ! Espèce de jurement, d'imprécation faite contre soi-même. Ce mot ne s'emploie sans régime et dans ce sens qu'à la premièrs personne de l'indicatif. Il équivaut à : Que je sois confondu !

« En v'rité Dieu, c'est vrai, où j'*abîme !* »
« J'ny pompons jamais un coup que ce n'soit à vot santé. C'est vrai, ou j'*abîme !* »

> Amusemens à la Grecque, ou les Soirées de la Halle, par un ami de feu Vadé : avec quelques pièces détachées tant en vers qu'en prose du même auteur. A Athènes, dans le tonneau de Diogène, et se vend à Paris, chez Cuissart, in-12, 1764, pp. 18 et 51.

ACCOLAGE. Irruption soudaine et violente sur quelqu'un. ACCOLER. Se jeter sur quelqu'un avec violence.

« Il m'repart queuques coups de souyers, en venant à l'*accolage*. »

> Madame Enguculle ou les Accords poissards,
> (par Boudin), Sc. VIII. 1754.

Tais-toi ; n'échauffe-pas Nicole,
Autrement tiens, toi je t'*accole*.

> VADÉ. La Pipe cassée, ch. II. 1755.

La signification de ces deux mots en bon français est toute contraire. On exprime par là l'action d'embrasser quelqu'un, en lui jetant, dans une intention caressante, les bras autour du cou : ici, c'est pour l'étrangler, s'il se peut.

ACCUEILLER. Prendre, aller chercher.

« Comme j'les r'passions d'l'aute bord... on m'applit pour *accueiller*. » C'est à dire pour prendre dans son bateau.

> Déjeuner de la Rapée,(par Lécluse),p. 12,1755,

Dans cet exemple, le verbe est sans régime ; dans l'exemple qui suit, il en a un.

«Ce monsieur s'en est venu m'*accueiller* et me dire...»

> Ibid, p. 15.

Il est remarquable que ce mot a gardé ici la signification que, sous la forme *aquilir*, il avait en anglo-normand.

> N'avum corage ne pensé
> Ne d'eforcer, ne de tolir
> Ne de vostre preie *aquilir*.

> Chronique des ducs de Normandie, par Benoist.
> publiée par M. Francisq. Michel, vers 1444.

A D'AUTRES, CEUX-LA SONT FRITS. Donnez-nous d'autres raisons, celles-là ne valent rien.

ISABELLE

« Les mariages sont écrits t'au ciel pour s'épouser, et si mon père veut me conjoindre avec un autre... j'irai me jeter dans les bras d'un cloître...

LÉANDRE

« A d'autres, Mamselle, ceux-là sont frits ; vous voulez en m'attendrissant gagner du temps. »

> Léandre hongre, parade, sc. VIII ; dans le Théâtre des Boulevards, t. I, p. 218. 1756, 3 vol. in-12.

Cette locution est tirée de la manière dont on fait la friture de poisson. Quand les premiers poissons qu'on a jetés dans la poêle sont frits, on les retire et on en jette d'autres. Elle doit naturellement son origine aux académiciennes de la halle au poisson. Cette image d'une couleur si vive paraît être abandonnée aujourd'hui. Elle est remplacée par cette expression ironique, plus laconienne, mais tout à fait incolore : *Connu* !

ADJUTORION. Aide.

> Si c'étoit ces bonnes ripailles
> Ces biaux festins et ces gogailles,
> Où qu'igna tant de brimborions
> De ragoûts, d'*adjutorions ;*
> Où par mots fins, par drôleries,
> Joyeusetez, plaisanteries,
> Chacun gausse, se réjouit,
> Et sa rate s'épanouit,
> Passe cor.

> Troisième harangue des Habitants de Sarcelles à Mgr l'archevêque de Paris, au sujet des mira-

cles, prononcée au mois de mai 1732, p. 118;
dans Pièces et Anecdotes intéressantes, savoir :
les Harangues des Habitans de Sarcelles (par
Jouin). un Dialogue des bourgeois de Paris, etc.,
qui n'ont point encore été publiées,; le Philotanus (par Grécourt) et le Portefeuille du Diable,
qui en est la suite. Deux parties. A Aix, en Provence, aux dépens des Jésuites, l'an de leur règne
210. Utrecht, 1755, 2 vol. in-12.

Adjutorion est le mot latin *adjutorium* prononcé à la française, comme on prononçait aussi
Te Déon, minimon, pour Te Deum, minimum.

Dans le passage cité, il signifie les hors-d'œuvres qui entretiennent ou aident l'appétit, et sont
comme les éperons de l'estomac.

On disait encore *ajustorions* pour atours, ajus-
tements, parure.

« Mais que vois-je ? Ons-je la berlue ? avec tous ces
biaux *ajustorions*-là. C'est mamselle Agathe, Dieu me
pardonne ! »

> La Partie de chasse de Henri IV, par Collé.
> Act. II, sc. 11, in-18, 1774.

AFFUT (Être d'). Se dit d'un homme qui est
toujours sur ses gardes, qui ne se laisse prendre à
aucuns piéges, malin, avisé, fûté, « Un homme
d'affût », disent les Picards. Et les Parisiens :
« Un vivant d'affût, un luron d'affût, un garçon
d'affût. » Toutes ces qualifications emportent
l'idée d'un éloge, et consacrent, pour ainsi dire,
celui qui en est l'objet.

> Le roi qu'est un *vivant d'affût*,
> Fît tout trembler, quand il parut.
> Par là, sacredié, queu compère !
> Pour fiche un fion, à li le père.

VADÉ. Chanson sur la prise de Menin en 1744.

« C'est un *garçon d'affût* qui connoît la forme et le fond du méquier. »

L'Amant de retour, vaud. par Guillemin, sc. v,
in-12, 1780.

Affûter (s'), pour se préparer, se disposer à, est encore un parisianisme très-usité. Ce mot implique le plus haut degré d'attention, de prudence, de prévoyance dans la personne dont on parle. On se *dispose* à faire une promenade, mais on *s'affûte* quand on veut se marier.

« J'avons appris itou que Margot la Soneuse dait bian-tôt sonner aveuc vous un branle d'épousailles... Je craignons tant seulement qu'alle ne vous faisît tourner la tête, en faisant tourner son moulin aveuc Jacob, le sacristain... Dame, *affutés*-vous, si le bat vous mouille. Mais ça sachera, comme l'an dit. »

Lettres de Montmartre, par M. Jeannot-Georgin
(Antoine-Urbain Coustelier). Londres, in-18, 1750.

Si l'on remonte à l'origine de ce mot *affût*, on voit, à la façon dont il est employé dans ces différentes circonstances, qu'il s'est écarté de sa signification primitive en même temps qu'il a changé de forme. Il vient du bas latin *fusta*, précédé de la préposition *a*, et qui veut dire *fuste*, ou pièce de bois. *Affutaige* en est venu, qui s'écrivait aussi *effutaige*. On entendait par là une sorte de droit que tout compagnon entrant chez un nouveau maître, était tenu de lui payer. C'était, dirais-je volontiers une espèce de *droit d'outils*.

On lit dans des *Statuts* de l'an 1468 (1) le passage qui suit :

_____

(1) Du Cange, éd. Didot; au mot *Fusta*.

« Item que les compaignons qui vouldront ouvrer
dessoubz maistres, seront tenuz de poier audiz maistres douze deniers pour leur *affutaige.* »

Et ailleurs, dans des *Lettres de grâce* de l'an
1471 : (1)

« Lesquels compaignons conclurent aler veoir ung
aultre charpentier... pour lui demander son *effutaige*,
comme ilz disoient estre la coustume entre les char-
pentiers de par de là, quant ilz changent atelier
nouvel. »

Le maître fournissait donc, et à titre de prêt
sans doute, les outils dont les compagnons se servaient pour l'exécution de ses travaux. L'ensemble de ces outils constituait donc l'*affutaige*,
on dirait aujourd'hui l'équipement des compagnons, et, comme les exemples en sont très nombreux sous le régime féodal, le nom de la chose
même est devenu commun au droit qu'il fallait
payer pour être mis en jouissance de cette chose.

Ainsi (et l'exemple allégué ci-dessus de l'*A-
mant de retour*, semble en être un souvenir,
sinon une preuve), un homme d'*affût*, un vivant,
un luron, un garçon d'*affût*, sont des équivalents
de compagnon d'*affutaige*. Ce mot s'est apocopé
dans la suite d'autant plus facilement que le mot
affût, quoique pris dans un autre sens, existait dans
la langue, et que l'analogie, une des sources les plus
abondantes des vices de prononciation et de langage, l'a fait adopter et l'a maintenu définitive-
ment.

---

(1) Du Cange, éd. Didot; au mot *Fusta.*

Affûter s'écrivait *affuster* dans le vieux français ; il procède du bas latin *fustare* qui signifiait fouetter ou battre avec des baguettes ou verges, et exprimait lui-même l'action de diriger un bâton contre quelqu'un, avec la menace de l'en frapper On lit dans des *Lettres de grâce* de l'an 1415 (1) :

« Le petit homme prist le cheval d'icellui Alain par la bride et *affusta* son plançon à la poitrine dudit Alain. »

Je remarque que M. Littré n'a pas donné d'exemple de cette signification importante dans son Dictionnaire.

AIR (Voir en l'). Voir rapidement, vaguement, soit lorsque l'objet regardé disparaît trop vite, soit lorsqu'on le regarde sans y faire grande attention.

Margot du Batoir, blanchisseuse au Gros-Caillou, racontant qu'elle a vu la dauphine, Marie-Antoinette, quand cette princesse arriva à Paris, le 15 Mai 1770, s'exprime ainsi :

> Pourtant je n' l'ons *vu qu'en l'air*,
> Car ça pass' comme un éclair,
> Mais l' jour qu' dans la plac' Louis Quinze
> L' feu d' la Ville on tirera,
> J' gageons bin cent contre quinze
> Qu' pus long not' plaisir d'viendra.

> Arrière-propos ou l'Égayage d'Margot du Batoir, blanchisseuse du Gros-Caillou ; chanson par elle accouplée aux autres en magnière d' pass' temps, le 15 Mai 1770, sur la bonne arrivée d' Mamsell' l'Archiduchesse Marie-Antoinette, p. 10 ; dans L' Pompier ou l' Jasement du Marais

---

(1) Du Gange, éd. Didot ; au mot *Fustare*.

et d' partout; ouvrage en deux morciaux, décoré d'une Note si tellement curieuse qu'all' vous apprend comme quoi l' s'enfans pouvont queuque fois avoir plus d'âge qu'leux père, s. l. n. d. (1774), in-8.

ALFESSIERS. Voy. HALFESSIERS.

ALLONS ALLER (J' m'en). Parisianisme populaire encore aujourd'hui des plus usités.

« Madame, je sis vote sarviteur ; je ne voulons pus manger de la char défendue ; ça fait du mal à la conscience, et pis c'est un péché. *J' m'en allons aller;* par ainsi je ne sis plus vote valet. »

Lettres de Montmartre, p. 92. 1750.

Pour ne pas faire de jaloux, rappelons cette autre expression emphatique analogue : *voyons voir,* qui n'est pas moins du style bourgeois que du populaire.

ALLUMER. Chanter. — Impatienter, irriter.

Je trouve dans des écrits du même temps cette expression employée en deux sens qui n'ont aucun rapport entre eux, et je la note, parce qu'elle a reçu de nos jours un troisième sens qui n'en a pas davantage avec les deux autres.

FANCHONNETTE.

« Tiens, c' t'autre avec sa voix de tourne-broche... Dis donc, cadet, quand z'on chante comme ça, faut s'faire accompagner par un chaudron... »

JÉROME.

« Eh ben, voyons, *allumez*-nous ça, vous qui parlez. »

Vadê. Compliment de la clôture de la Foire Saint-Laurent. 1755.

Mme Engueule, *au notaire.*

« Mais Monsieu, que ça ne vous empêche pas de trimer. Pour moi, je n'ai jamais tant vu reculotter ; ça m'*allume* à la fin. »

> Madame Engueule ou les Accords poissards, com.-parade (par Boudin). Sc. xi. 1754.

Aujourd'hui, *allumer*, dans le langage populaire et même un peu argotique, signifie regarder avec attention, épier, espionner.

Aloyau (Flogner l'). Rechercher quelqu'un avec empressement, s'en approcher, le caresser, lui faire la cour.

Le batelier Lavigueur, amant de Suzon, fille de Mme Engueule, et non agréé par la mère qui la destine et est sur le point de la marier à Nigaudinet, commis de barrière, en est réduit à chercher à voir clandestinement sa maîtresse, et à recourir aux expédients pour lui faire sa cour. Surpris maintes fois par la mère, il est toujours éconduit, avec déclarations réitérées qu'il n'aurait jamais la main de Suzon. Pour vaincre ces refus opiniâtres, Lavigueur propose à Mme Engueule de faire libérer de la milice son fils Cadet qui s'était engagé malgré elle, et de l'accepter lui-même pour gendre, en retour de ce service.

Lavigueur.

« Tenez, j'agis royalement. Si vous v'lez, j' prends Suzon pour mon épouse ; le sargent Racolin est de mes coteries ; drès ce soir, j' vous mettons son congé (1) dans les mains.

---

(1) Le congé de Cadet.

Suzon.

« Ah ! v'la qu'est parlé, ça.

Mme Engueule.

« Suzon pour ton épouse ! Tu viens donc encore de *flogner son aloyau* (1) ? Tu seras des accords, si tu veux. Regarde si ça t' convient ; sinon détale. »

Madame Engueule, Sc. viii. 1754.

Le sens que je donne à cette locution ne paraît donc pas douteux.

Flogner n'est pas, comme on pourrait le croire, un terme d'argot. Il y a en limousin un mot dont il est très-probablement tiré, c'est *flauniard*, sorte de gâteau ou de flan à la crême et aux œufs. Or, c'est avec des gâteaux plus encore qu'avec des caresses qu'on dissipe les chagrins et la mauvaise humeur des enfants, et qu'on en obtient des choses qu'ils refuseraient sans cela. En un mot c'est un instrument de séduction.

Lacombe (2) donne l'adjectif *flaougnar* pour flatteur, patelin, calin. *Flaougnar* nous mène à *flogner,* ayant lui-même le sens figuré qu'a ce dernier verbe.

Ame au vent (Mettre l'). Tuer.

> Quand d' rouler par les guinguettes
>   J' pernons la faveur,
> C' qu' y a là d' genti' fillettes,
>   C'est pour Lavigueur.
> Et si d'un faraut l' caprice
>   D' ça n'est pas content,

---

(1) Il venait, en effet, de quitter Suzon avec qui il agissait de concert.

(2) *Dictionnaire du vieux langage.*

Ces bras là m' f'ront la justice
D' ly *mett' l'âme au vent*.

Madame Engueule. Sc. XIII. 1754.

CADET.

Sais-tu que je suis un ch'napant
Qui va te *mettre l'âme au vent*.

JÉROME.

Y aisément cela ne peut pas s'croire
Quand ton sabre auroit l'fil comme un canon
Je m' f'rois hacher pour ma Fanchon.

Jérôme et Fanchonnette, pastorale, par Vadé.
Sc. VI. 1755.

Je crois que c'est là une locution gâtée par le
peuple et l'effet d'une méprise. Il aura entendu
dire de gens qui vont se battre en duel, qu'à peine
arrivés sur le pré, ils ont *mis lame au vent*, c'est-
à-dire dégaîné ; là-dessus, prenant la cause pour
l'effet, il a d'une locution toute naturelle, mais
très-énergique, créé une métonymie plus éner-
gique encore et très-juste.

APARAT. Apparamment.

LA RIOLE.

« Vous l'avez peut-être acheté ensemble ?

LA BLONDE.

« *Aparat.*

Amusements à la Grecque ou les Soirées de la
halle, p. 18. 1764.

J'ai cité ce parisianisme uniquement pour faire
voir aux Parisiens modernes qui pensent avoir
inventé ce genre d'apocope, que l'usage en existait chez leurs pères, il y a plus de cent ans.

Après a (Etre). Etre en train de faire quelque chose.

« J'étois *après à* lire vote lettre dont j'n'ai pu achever la fin. »

Vadé. Lettres de la Grenouillère, lett. xv. 1755.

Bossuet et Molière ont également fait usage de cette locution qui n'est restée que dans la langue populaire. Molière a dit, dans les *Fourberies de Scapin*, acte II, c. viii : « Je *suis après à* m'équipper » ; et il l'a encore dit ailleurs.

Après (Par). Ensuite.

Cette locution a pour elle les mêmes autorités que la précédente, et comme celle-ci a eu la même destinée. On la rencontre dans tous les petits livres en langage populaire parisien du siècle dernier. Aujourd'hui, un écrivain digne de ce nom (à moins pourtant qu'il n'ait un certain goût de l'archaïsme) n'oserait pas l'employer. Le peuple n'y met pas tant de façons, et traite nos vieux mots avec plus de respect que nos anciennes institutions.

Arc-en-ciel de fer. Sabre.

Jérome (à *Cadet qui avait tiré son sabre*).

« Crois-moi, vaillant l'Cadet, rengaîne ton *arc-en-ciel de fer*, et n'me fais pas ôter ma veste. »

Jérôme et Fanchonnette, par Vadé, Sc. vi, 1755.

Ici la figure est tirée de la forme recourbée du sabre. Dans l'exemple qui suit, elle est tirée de la variété des couleurs qui distinguent généralement les habits de livrée. Ainsi, au xvii° siècle,

un laquais était dit appartenir au *Régiment de
l'arc-en-ciel* :

« Une troupe de gens du *Régiment de l'Arc-en-
ciel...* agaçoient le singe. »

> Cyrano de Bergerac. Combat de Bergerac
> avec le singe de Brioché.

Arrhes au coche (Mettre des). Au propre, retenir sa place au coche, en donnant un à-compte.

L'exemple qui suit donne le sens figuré.

« Ce que le grand Cornichon avoit lâché (c. à. d.
dit), buttoit à signifier comme si, par ci par là, quelquefois, dans l'occasion il avoit mis *des arrhes au
coche*, ou, si vous voulez, pris un pain de brasse sur
la fournée. »

> Le Oui et le Non mal placé ; dans les Écos-
> seuses ou les Œufs de Pâques (par Caylus et
> autres). Troyes, in-12. 1739.

La signification de cette dernière métaphore est
trop bien connue pour laisser un doute sur la
signification de l'autre qu'elle a pour objet de
rendre plus claire.

Article de foi. Petit verre d'eau-de-vie.

« J'aurions bon besoin de boire chacun un p'tit
article de foi cheux l'épicier. »

> Amusemens à la Grecque, p. 18. 1764.

Cet article de foi est tiré du symbole des apô-
tres de Bacchus, et n'a jamais, que je sache, donné
matière à controverses aux ivrognes. Il n'y a ni
casuistes, ni schismatiques dans cette belle reli-
gion-là.

Attendis (En) et A la Tandis. Pendant ce
temps-là.

« *En attendis*, j'avois déjà fait un modèle de ce nouveau bijou. »

> Le Paquet de mouchoirs, monologue en vaudevilles et en prose, dédié au beau sexe, et enrichi de 103 notes très-curieuses dont on a jugé à propos de laisser 99 en blanc, pour la commodité du lecteur et la propreté des marges. A Calcéopolis, chez Pancrace Bisaigue, rue de la Savaterie ; aux trois escarpins dessolés, p. 8. 1750. Attribué à Vadé.

Mme ENGUEULE.

« J'allons au devant de ly pour ly toucher queuque chose de l'affaire. Ah ! Cadet, *à la tandis*, t'iras nous queri zeune voye de bois de douze sols, pour cuire la noce. »

> Madame Engueule, Sc. ix. 1754.

AVEC VOLONTIERS. Avec plaisir.

JÉROME.

« Ah ! ça, Cadet, c'est pas le tout ; faut z'un compliment à c' t'heure-ci.

CADET.

Avec volontiers.

> Vadé. Compliment de la clôture de la Foire de Saint-Laurent. 1755.

On trouve le même parisianisme populaire dans l'*Amant de retour*, par Guillemin, sc. viii (1780), et dans l'*Espiéglerie amoureuse* ou l'*Amour-matois*, sc. v. 1761.

AVENANT DE (A l'). Devant, auprès.

CADET.

« J'étions dévalé sous les pilliers (des halles) où 'tapions simpelment d' misptier de six yards *à l'avenant* du contoi (comptoir). »

> Madame Engueule, Sc. viii. 1754.

AVEUGLETÉ. Cécité.

« Il ressemble à de çartains aveugles qu'igna dans les Quinze-Vingts, qui serient bien fâchés de n'être pas aveugles, parce que leux *aveugleté* est leux gagne-pain. »

Harangue des Habitants de la Paroisse de Sarcelles au Roi, dans l'Avis au lecteur. 1733.

AVISOIRE. Avis, opinion, jugement.

« Voyons donc ce bel *avisoire*. »

Le Galant Savetier, com. par Saint-Firmin. Sc. III. 1802.

.B.

BAHUTER. Enlever, emporter.

« Oui. Le diable vous *bahutte !* »

Madame Engueule, Sc. III.

Au dix-septième siècle, ce mot signifiait faire plus de bruit que de besogne, par allusion aux ouvriers bahutiers ou layetiers, lesquels, après avoir cogné un clou, donnent plusieurs coups de marteau inutiles, avant que d'en cogner un autre. Ce mot était d'ailleurs populaire.

« A quel jeu jouons-nous ? Tout de bon ou pour *bahuter* ? »

Comédie des Proverbes, Act. II, sc. v. 1633.

Ici *bahuter* veut moins dire : faire avec les cartes ou les dez plus de bruit que de besogne, que jouer pour l'honneur seul et non pour de l'argent.

Dans la langue imagée de MM. les étudiants parisiens de toutes les facultés, ce mot signifie antôt faire du tapage, tantôt danser, sauter d'une

manière extravagante, tantôt maltraiter quelqu'un.
Le *bahuteur* est celui qui pratique l'une ou l'autre
de ces trois choses, ou toutes les trois à la fois. Son
diplôme de médecin ou d'avocat est au bout.

BAILLE-LUI BELLE, LA QUEUE LUI PUE. Locution
proverbiale équivalant à : il en dit trop, il va trop
loin, il ment.

Pour aider à l'intelligence de cette locution et
donner quelque crédit à l'explication que j'en vais
apporter, il est tout-à-fait indispensable de citer
avec quelque étendue le passage où elle est
employée.

Janin, paysan du Montmorency, est parvenu à
pénétrer dans Paris avec son âne, nonobstant le
blocus de cette ville par l'armée royale. De retour
à son village, après huit jours d'absence, il raconte
ce qu'il a vu et ce qu'on lui a fait, et entre autres
ceci :

« Nout grison l'u belle, qui se bouty à braire si
hou que tou lé soudars s'amassiron viron nou, pou
nou faire niche. Le courpoura arrivy, qui nous fit
pranre nout âne et mouay, disant que j'avion vlu
fourcé le cour de garde, et nou fy mené à l'Outay de
Ville. May en chemen, je feume ban esbauby de vouar
la ville. N'an dizet qu' n'an y mouret de fen, qu' n'an
sy tuet dru queme mouche, que l'san coullet le pour
russiau, et qu' l'arbe crousset dans lé ruë. Samon,
Guieu haij ban lé manteu ; n'an en fay ban acroize au
jans de delà l'iau. Lé chemin estiant oussi grouillan
de monde queme lé pou su le tignon de nout fieux
Piarot. Y lia cor dé bouchon tou verdiau aus houtelle-
ries ; n'an y vouay la ché cruë et cuitte étalée queme
si n'an la donnet pour l'honneu de Guieu. Enfin, lé

boucherie et lé roteries sont ouvarte à tout venan. N'an y di vaspres, la grand messe, et la précation queme n'an fezet, y glia un an.

» Voueze ! interrompit Thibaud ; *baille-ly belle, la queue ly pu.* Y vouay de la ché cruë et routie en caresme ! Si vou le laissé dize, y vous bara ban dé canar à moiquié. » (1)

> Suitte de l'Agréable Conférence de deux païsans de Saint-Ouen et de Montmorency, sur les affaires du temps, p. 5. 1649.

Quand une cuisinière achète une volaille ou une pièce de gibier, si elle doute de la fraîcheur de

---

(1) Notre âne l'eut belle, qui se mit à braire si haut que tous les soldats s'amassèrent autour de nous, pour nous faire niche. Le caporal arriva, qui nous fit prendre notre âne et moi, disant que nous avions voulu forcer le corps de garde, et nous fit mener à l'Hôtel-de-Ville. Mais en chemin je fus bien ébahi de voir la ville. On disait que l'on y mourait de faim, que l'on s'y tuait dru comme mouches, que le sang coulait le pur ruisseau, et que l'herbe croissait dans les rues. Certes, Dieu hait bien les menteurs ; l'on en fait bien accroire aux gens de delà l'eau. Les chemins étaient aussi grouillants de monde comme les poux sur la tignasse de notre fils Pierrot. Il y a encore des bouchons tout verts aux hôtelleries ; l'on y voit la viande crue et cuite étalée comme si l'on la donnait pour l'amour de Dieu. Enfin, les boucheries et les rotisseries sont ouvertes à tout venant. L'on y dit vêpres, la grand' messe et la prédication comme l'on faisait, il y a un an.

Voire ! interrompit Thibaud ; *baille-lui belle, la queue lui pue.* Il voit de la chair crue et rôtie en carême ! Si vous le laissez dire, il vous donnera des canards à moitié (a).

(a) *Donner des canards* à quelqu'un, c'est-à-dire, lui en faire accroire, lui imposer. Les lui donner à *moitié*, c'est mêler aux mensonges quelque chose de vrai. Je confesse ne pas savoir l'origine de ce dicton, dont on n'a gardé que le mot *canard*, pour dire une fausse nouvelle.

la bête, elle a pour habitude de la flairer à la queue ou plutôt à la racine de la queue. Si le marchand soutient que la bête est saine, comme il ne manque jamais de le faire honnêtement, la cuisinière qui s'en fie plus à son nez qu'à la parole de l'autre, dit : « Vous me la baillez belle ; il pue à la queue ; donc tout l'intérieur est gâté. »

Ainsi fait Thibaud. La fin du récit de Janin lui paraît tellement invraisemblable (et elle devait le paraître à un paysan et dans ces temps de foi) qu'il taxe de mensonges tout le reste.

BAINS DANS UN CENT DE FAGOTS (Prendre les). Être brûlé vif par la main du bourreau.

LE FARAU.

« Si j'y sommes rompu (en place de Grève), t'y prendras les *bains dans un cent d'fagots* avec toute ta clique et ton Jérôme. »

> Les Spiritueux rébus de Mlle Margot la mal peignée, reine de la halle et marchande d'oranges, par Lécluze ; dans les Œuvres poissardes de Vadé et de l'Écluse ; Didot jeune, an IV (1790). Pag. 116.

On dit aussi : *Être noyé dans un cent de fagots.*

BANDIETTES (Mettre en). Démolir, mettre en morceaux, en pièces.

« Je n'ons pas f...u la Bastille *en bandiettes* pour que vous nous ratapiez dans vos béches. »

> Journal de la Rapée ou de Ça ira, ça ira. Six numéros. N° IV, p. 2. 1790.

Je crois que *bandiettes* est un diminutif de

bandes pris dans le sens de morceaux d'étoffe, de cuir, de papier, etc., longs et étroits, et que ce mot, indiquant les fragments d'un tout, a pu être employé dans ce temps-là par le peuple de Paris comme équivalant de morceaux, pièces, débris.

Béche signifie nasse. C'est une altération du vieux français *boichée* (en bas latin *boicheta* et *bocheta*), qui a la même signification (1). On disait *boichée* en Champagne et en Bourgogne ; on prononça *baichée* dans l'Ile-de-France, ou *béchée* par suite de l'analogie des sons *ai* et *é*. Le peuple de Paris adopta cette dernière forme, et, dépouillant l'avant-dernière voyelle du mot de son accent aigu, il reporta sur la première l'accent tonique, et réduisit ainsi à deux syllabes un mot qui en avait trois.

Bocheta est un diminutif de *bocha*, bouche, la nasse ayant en effet une sorte de bouche par laquelle entre le poisson.

BATON BLANC. Bâton du pauvre.

> C'est qu'alors un père pourroit,
> Pour punir son libertinage,
> Sevrer de tout son héritage,
> Chasser son gars comme un coquin,
> Et, le *bâton blanc* à la main.
> L'envoyer jouer à la paume,
> Glaner ou ramasser du chaume.

> Deuxième Harangue des habitans de la paroisse
> de Sarcelles à Mgr. l'archevêque de Sens. 1740.

Pourquoi cette attribution du bâton blanc

---

(1) Voyez le *Glossaire* de du Cange, édit. de Didot, au mot *Boicheta*.

plutôt que d'une autre couleur, au pauvre, au mendiant ? Est-ce parce que le bâton blanc étant un bâton dépouillé de son écorce, est la frappante image du dénûment, de la nudité du pauvre ? Cela pourrait bien être. Cette attribution ne se rattacherait-elle pas aussi à la rabdomantie ? Tous les paramiographes ne nous disent rien là dessus.

BATTRE EN RELAIS (Se). Se battre sans s'arrêter, sans reprendre haleine, et jusqu'à ce que l'un des combattants dise qu'il en a assez (1).

« Jacqlaine se mit en devoir d'ôter le bonnet à Maré-Jeanne qui lui baille une giroflée à cinq feuilles; elles *se battent en relais*. »

> Étrennes à Messieurs les Ribotteurs, p. 120, dans les Œuvres poissardes de Vadé et L'Ecluse éd. Didot. An iv. (1796).

BATTRE AUX ROUTES. Partir précipitamment, décamper.

« J' *battimes aux routes*, comme dix heures tapiont aux Filles du Calvaire. »

> Le Paquet de mouchoirs, p. 35. 1750.

BAUDRU. Lanière de cuir, fouet.

« Tu as eu la tapette et le *baudru* ; j' t'avons vu faire la procession dans la ville derrière le confessionnal à deux roues de Charlot Casse-Bras (la char-

---

(1) Peut-être cela veut-il dire aussi le contraire, comme se battre avec des intervalles, des repos, afin de respirer un peu ; car bien que les relais de poste soient établis pour courir tout d'une traite, le temps de changer de chevaux ne aisse pas que d'être un temps d'arrêt dans la course.

rette du bourreau), qui t'a marquée à l'épaule au poinçon de Paris. »

Le Déjeuner de la Rapée, p. 17. (1750?).

En d'autres termes : Tu as été fouettée et marluée ». On trouve cette même locution dans le *Paquet de mouchoirs,* attribué à Vadé, 1750. La tapette était la marque « au poinçon de Paris »; c'est-à-dire au fer rouge, ainsi appelée parce qu'en l'appliquant, le bourreau donnait une petite tape sur l'épaule du patient avec l'instrument, ou, parce qu'après l'avoir appliquée, il tapait sur la blessure avec un tampon. Le *baudru* était le fouet. C'était une lanière ou plusieurs lanières de cuir réunies. On appelait *baudoyeur* ou mieux *baudroyeur,* celui qui préparait le cuir pour des ouvrages de ce genre.

BAVER. Bavarder.

Vieux mot qui s'est conservé dans le langage populaire de Paris.

CADET.

« Qu'est qu'vous nous *bavez,* vous ? Ne faut-y pas que j'nous laissions saccager, voyons? »

Madame Engueule, sc. VIII. 1754.

Il est dit dans le *Chevalier qui donna sa femme au diable,*

> *Baver,* flatter et bien mentir,
> Font souvent les flatteurs venir
> En grand bruyt es cours de Seigneurs.

BEIGNET. Sceau de cire.

« Hé, sditi, le Chansilié, hélas ! stila qui boutte les *bignets* su cé contrats, la failli, sditi, belle. »

On sait que ces *beignets* étaient appliqués par le chancelier ou son délégué sur les actes publics, lesquels étaient par là déclarés authentiques. On appelait populairement le chancelier *Plaque-bignet*.

> Quand il eust dit le dernier mot,
> Il se tint droict comme un marmot,
> Et le *Plaquebignet* de France
> Cracha cette belle sentence.

Le Parlement burlesque de Pontoise, p. 8. 1652, in-4.

BEURRE POUR FAIRE UN QUARTERON (Il ne faut pas tant de). Il ne faut pas tant dire de paroles, tant barguigner, pour prendre une décision, un parti.

Mme COTTERET.

« Oh! ça, Madame Rognon, *il ne faut pas tant de beurre pour faire un quarteron ;* il s'agit d'aller à la noce. »

Le Porteur d'iau ou les Amours de la Ravaudeuse, sc. III; dans les Écosseuses. 1739.

On peut affirmer, sans craindre de se tromper, que cette locution tire son origine immédiate du marché au beurre.

En voici une variante :

« Y ne faut pas tant *d'iard* pour faire un quarteron, » dans la *Noce de Village*, comédie, par de Rosimond, sc. I. 1705.

BIGOTTER. Impatienter ou s'impatienter.

JANIN.

« D'où venas-tu aussi de couri le guilledou si loen de ton village ?

PIAROT.

» Ha, d'où je venas? Dame, je venas, say-tu ban d'où?

JANIN.

« Hé, d'où encore?

PIAROT.

» Ha, devine d'où je venas.

JANIN.

« Hé, d'où venas-tu? de Nantarre?

PIAROT.

» Ho, que tu ni ais pas!

JANIN.

» Hé, d'où guiébe venas-tu don? De Rouel?

PIAROT.

» Ho, c'est ban par delà.

JANIN

» Par delà? Tu venas don d'Argenteuil?

PIAROT.

« Ho, voise, c'est ban oncor pu loen.

JANIN.

« Hé, d'où san guiébe venas-tu don? Jarnicoton, tu me fras *bigoté* (1).

---

(1) *Janin*. D'où venais-tu aussi de courir le guilledou si loin de ton village? *Pierrot*. Ha, d'où je venais? Dame, je venais, sais tu bien d'où? *Janin*. Hé, d'où encore? *Pierrot*. Ha, devine d'où je venais. *Janin*. Hé, d'où venais-tu? de Nanterre? *Pierrot*. Ho! que tu n'y es pas. *Janin*. Hé, d'où diable venais-tu donc? De Ruel? *Pierrot*. Ho, c'est bien par delà. *Janin*. Par delà? Tu venais donc d'Argenteuil? *Pierrot*. Ho, voire, c'est bien encore plus loin. *Janin*. Hé, d'où cent diables venais-tu donc? Jarnicoton, tu me feras bigotter.

Troisiesme partie de l'Agréable conférence de
deux paysans de St-Ouen et de Motmonrency
sur les affaires du temps, p. 3. 1649, in-4.

PIAROT.

» Jarnicoton, d'y le may.

JANIN.

» Vrament, dire-ly : pourquoy diébe n'y es-tu
venu ?

PIAROT.

» Jarnigué, tu me fras *bigotté.*

JANIN.

« Là, *bigotte* tout ton guiébe de saou : tu fesas hier
trop tes cribes avec ton abi neu (1).

Nouvelle et suitte de la sixiesme partie de
l'Agréable conférence, t. II, p. 3 et 4. 1659, in-4.

Cotgrave donne ce verbe dans son Dictionnaire
et le rend par *to make superstitious, to fill with
hypocrisie,* comme étant formé de bigot. Ce
n'est pas du tout le sens qu'il a dans ces deux
exemples, comme il est aisé de le voir. Il a donc
aussi une autre étymologie. Je n'oserais dire que
c'est l'italien *sbigottire,* lequel veut dire effrayer,
épouvanter, car dans ces dialogues où l'un des
interlocuteurs se plaît à tenir l'autre en suspens,
celui-ci n'a pas de raison pour s'effrayer, et il en
a beaucoup pour s'impatienter. Il faudrait donc,

---

(1). *Pierrot.* Jarnicoton, dis-le moi. *Janin.* Vraiment, te
le dire ! Pourquoi diable n'y es-tu pas venu ? *Pierrot.* Jarnigué, tu me feras *bigotter.* Janin. Là ! *bigotte* tout diable
de soûl : tu fesais hier trop tes embarras avec ton habit
neuf.

pour admettre la dérivation de l'italien, supposer que le mot *sbigottire*, en passant en français, a perdu son sens naturel : ce qui est possible, mais que je ne puis prouver. Il est à regretter que M. Littré, au mot *Bigot*, n'ait pas, dans ses recherches sur l'étymologie de cette expression, rencontré sur son chemin notre verbe *bigotter*.

BIGRE A L'HUILE. Bon apôtre (?)

> Je voulons bien, dit-il, penser
> En loyal chréquian, que cet homme (1)
> Fut en tout et partout à Rome
> Soumins ; que c'est calomgnier
> De dire que, sans commegnier,
> Il passit jusqu'à deux années ;
> Que les affaires condamnées
> Par le pape et la quantité
> Des évêques l'avont été
> Itou de li. » Le *bigre à l'huile* (2)
> Non, non, monseigneur Ventremille,
> Non, non, il ne le pense pas,
> Par la marguié, le fourbe !

> Quatrième Harangue des Habitans de Sarcelles à Mgr Ventremille, au sujet de son ordonnance du 8 Novembre 1735, contre les miracles. Prononcée au mois de Juillet 1739. Pag. 189 ; dans Pinces et Anecdotes intéressantes, etc.

Il n'est pas aisé de comprendre le sens de cette

---

(1) Le diacre Pâris.

(2) Il qualifie ainsi Nigon de Berty, promoteur-général de l'Archevêché de Paris, chantre et chanoine de Saint-Germain-l'Auxerrois, qui avait présenté la Requête sur laquelle avait été rendue l'Ordonnance de Mgr de Vintimille en date du 8 Novembre 1735, contre les miracles du diacre Pâris.

grossière injure adressée à un prélat qui ne croyait
pas aux miracles du diacre Pâris, et parce qu'il
avait *requis*, comme c'était sa charge, la *condam-
nation* des curés de Paris qui avaient pris leur
défense. Je conjecture seulement que par l'expression *à l'huile*, l'auteur a voulu dire: aux formes
doucereuses, coulantes et hypocrites; car c'est
ainsi qu'il s'attache à représenter le promoteur
général, comme c'est aussi le style et la méthode de
son réquisitoire. Il est vrai d'ailleurs que ces formes sont celles de certains accusateurs publics, dont
la tactique consiste à admettre comme probables
certains faits favorables à l'accusé, afin de donner
plus de relief et de force aux griefs élevés contre
lui. Mais c'est par une allusion, je pense, à la profession des maîtres-d'hôtel, chargés d'approvision-
ner la maison de vivres, entre autres d'huile, et
surtout de faire les lampes et la salade, que le
peuple de Paris appelait ces officiers des *Messieurs
à l'huile*.

NICOLAS, *maître-d'hôtel de grande maison.*

Sans onction un époux
    Vous quitte et décampe;
Mais jamais l'huile chez nous
    Ne manque à la lampe.
Les bons hommes sont vos gens,
Tous les maris sont des gens,
    Foin de tous les gens,
Des gens, gens, tils, tils, des gentils,
    Foin des gentilshommes !
    Vivent les bons hommes !

LÉANDRE

L'huile que vous nous ventez
    Mon pauvre imbécille,

Fait que vous êtes traitez
    De *Messieurs à l'huile*,
Fait qu'on vous traite de gens,
De gens lognes, de vrais gens,
    De gens faits, faits, faits
    A la raillerie
    Sur la confrairie
    Ou sur ste drol'rie (1).

La Mère rivale, parade ; couplet final ; dans le
Théâtre des Boulevards, t. III, p. 174. 1754.

Bijou de la foire Saint-Ovide. Un homme de
rien ou de « pas grand' chose. »

JAVOTTE

« Oui, il est ben campé avec ses deux jambes de
flûte à l'oignon. Adieu, *bijou d'la foire Saint-Ovide.*
Oh ! j't'épouse ; tu n'as qu'à v'nir. Va, pain mollet
d'la dernière fournée. »

Vadé. Les Racoleurs, sc. II. 1756.

La foire Saint-Ovide se tint d'abord sur la place
Vendôme, d'où elle fut transportée, en 1773, place
Louis XV. On y vendait quantité de menues
bijouteries et de peu de valeur. Les modistes et
les perruquiers y avaient des boutiques. C'est ce
qui explique ce compliment de Javotte à Toupet,
compliment doublement juste, et parce que Toupet
était « garçon frater », et parce qu'il était un trop
petit compagnon pour épouser la belle Javotte.
Peut-être y a-t-il ici également un jeu de mot sur
Ovide : *Os vide.*

(1) Voy. plus loin au mot Huile.

BIJOU DU PARVIS.

Autre sorte de compliment, ou plutôt euphémisme gracieux par lequel on désignait un individu
condamné à une peine infamante, et ayant fait
amende honorable sur la place du parvis Notre-
Dame.

« Allons, tais-toi, diable de *bijou du parvis.* »

> Vadé. Compliment de la clôture de la foire
> Saint-Laurent. 1755.

BOIRE LE GOUPILLON. Sorte de punition infligée
aux buveurs et qui paraît avoir consisté à leur faire
boire jusqu'à la dernière goutte de la bouteille, en
accompagnant cette opération de quelque violence.

> On l'auroit bian envoyé paistre
> Qui n'eust fait péter le salpestre,
> Et si sa santé se beuvant (1),
> On n'eust fait pouf ! auparavant,
> Par l'advis du conseil de guerre,
> Ou plutost du conseil de verre ;
> On auroit *beu le goupillon,*
> On auroit eu le morillon,
> Et fait longtemps le pied de grue
> En sentinelle dans la rue.

> Le Burlesque On de ce temps, IIIᵉ partie, p. 5
> et 6. Paris, 1648.

Ce qui ne permet pas de douter qu'il s'agit bien
ici d'une punition, c'est que le poète *frondeur,*
immédiatement après, en indique une autre beaucoup plus grave, laquelle conjointement avec la

---

(1) La santé du Parlement.

première, ou sans elle, pouvait être aussi appliquée à ceux qui auraient refusé de servir le Parlement : c'est le morillon. On le donnait alors en frappant sur le derrière avec la hampe d'une hallebarde ou le canon d'un mousquet. C'était un châtiment militaire.

« T'airais don pu de priviliége que mouay ? Quer si je l'avas fai, n'an me barait le *mourillon* » (*Nouvelle et suitte de la cinquiesme partie de l'Agréable conférence de Piarot et Janin, sur les affaires du temps*, p. 4. 1648.)

Le morillon tirait son nom de ce qu'au lieu d'y employer une hallebarde ou un mousquet, on se servait autrefois d'un morion pesant dont on chargeait la tête du soldat puni.

Remplir le verre du buveur, en dépit même de sa résistance, et jusqu'à ce que la liqueur débordât, était une autre manière de faire *boire le goupillon*. Ainsi :

> Tu *boiras le gouspyon* !
> Par ma foy, tu es maladroite ;
> Faut-il boire de la main droite ?
> Tu ne boiras plus que cela.
> — C'est trop, c'est trop ! Aula ! Aula !

Première Gazette de la Place Maubert, p. 9. 1648.

Mme de Sévigné, dans une lettre du 3 août 1671, dit à sa fille qu'elle a promis à Mme de Chaulnes « d'aller lui aider à soutenir le reste des États. » Ce reste, c'était le *goupillon* des États de Bretagne, car c'en était la fin. Mais cette corvée, contre l'attente de la marquise, fut suivie d'une moindre qui en était comme le petit goupillon, et qu'elle appelle ainsi en effet :

« Enfin, me voilà... toute contente d'être en repos dans ma solitude. J'ai eu tantôt encore un *petit goupillon*. C'est M. de Lavardin qui est demeuré à Vitré, pour faire son entrée à Rennes. »

Lettre du 9 Septembre 1671.

Enfin, il est encore un autre emploi métaphorique du mot goupillon, qu'il ne faut pas omettre, parce qu'il est charmant et juste tout ensemble.

NIGAUDINET, *courant après Suzon.*

« Doucement, doucement. Comme vous empochez! Ça ne se donne qu'en sinant. Oh! donnant, donnant.

SUZON

« Là, là, prends donc garde ; tu t'épanouis comme un *goupillon*. »

Madame Engueule, Sc. II. 1754.

BOITE A CAILLOUX. Prison.

« On vous a f...u mon b...gre dans la *boîte à cailloux* ous qu'il sera interrogé. »

Journal de la Rapée, n° VI, p. 2, 1790.

BONNET DE NUIT DE CHEVAL. Licou.

« Il est mort en l'air avec un *bonnet de nuit de cheval* au cou. »

Le Déjeuné de la Rapée ou Discours des Halles et des ports ; nouv. éd. revuë et augmentée d'une Lettre de M. Cadet Eustache à M. Jérôme Dubois, et de Quatre bouquets poissards. Avec un extrait de l'inventaire des meubles et effets trouvés dans le magasin d'une des harengères de la Halle. A la Grenouillère. De l'imprimerie de Mlle Manon, marchande orangère. Approuvé par les Bateliers, in-18, s. D. (1755). Par Lécluse. Pag. 22.

Comment un pendu peut-il être étranglé avec un bonnet de nuit, et qu'est-ce qu'un bonnet de nuit de cheval ? C'est, comme je l'ai dit, un licou. Le licou est une corde avec laquelle on attache le cheval à la mangeoire, après qu'on l'a rentré le soir à l'écurie. C'est là toute la toilette de nuit de l'animal, tout comme l'est le bonnet de coton du palefrenier ou du charretier qui dorment auprès de lui.

Bons (Des) !

Exclamation qui se rencontre fréquemment dans les écrits en langage populaire parisien, et qui indique un sentiment de satisfaction ou de jactance ; auquel cas il se dit absolument comme par exemple, *bon* !

« *Des bons* ! s'ils sont tapageux, j'sommes bacanaleux. »

Amusements à la Grecque, p. 25. 1764.

Ailleurs, cette locution reçoit un complément :

Je suis *des bons* qui ne vaut rien,
J'veux être un chien.

Ibid., p. 28.

Les François s'ront toujours des bons.

L'Impromptu des Harengères, op. com. divertissant, à l'occasion de la naissance de Mgr le duc de Berri ; sc. v. 5 Septembre 1754.

« Il est marqué à l'A; il est des *bons*. »

Le Bourgeois poli où se voit l'abrégé de divers complimens, selon les diverses qualités des personnes ; œuvre très-utile pour la conversation. A Chartres, 1631.

Ce dernier exemple nous indique l'origine de cette locution. Il est marqué à l'A se disait d'un homme de bien, d'honneur et de mérite, et ce proverbe est tiré des monnaies qu'on marquait aux villes de France, par ordre alphabétique, selon leur primauté. La monnaie de Paris réputée du meilleur aloi, fut marquée à l'A, à partir de François Ier. Mais déjà au XIVe siècle, l'A avait une signification favorable. Dans les *Canterbury tales* de Chaucer, la prieuresse porte une agrafe (une broche) sur laquelle est marqué un A. C'est aux vers 160 et suiv. :

> And theron heng a broch of gold ful schene,
> On which was first i-writen a crowned A,
> And after that : *Amor vincit omnia.*

Comme la prieuresse s'appelait madame Englantyne, l'*a* n'est pas l'initiale de son nom, mais celle d'*Amor*. En 1845, on a retrouvé dans le Dorsetshire, une broche en forme d'A sur laquelle est écrit :

IO FAS AMER ET DOI DE AMER.

Dans le langage des révolutionnaires de profession on ne dit plus *il est des bons*, mais *c'est un bon.*

Bossu. Pièce de monnaie dont je ne saurais dire ni la valeur, ni le nom normal.

« Je cherche dans ma pochète, et j'y trouve un *bossu.* »

Conférence de Janot et Piarot Doucet de Villenoce, et de Jaco Paquet de Pantin, sur les merveilles qu'il a veu dans l'entrée de la Reyne, ensemble comme Janot lui raconte ce qu'il a veu au *Te Deum* et au feu d'artifice, p. 3. Paris 1660.

« Oui, quand j'ay receu les *bossus* pour venir bouar. »

Nouvelle et suitte de la sixiesme partie de l'Agréable conférence de Piarot et de Janin, sur les affaires du temps présent. p, 6. Paris, 1649.

> Sans tous ces petits rogatons,
> Sans les Condés et les Gastons,
> Sans les pasquils et vaudevilles,
> Sans les écrits les plus habiles,
> Sans Rivière et sans Cardinal,
> Nous allions souffrir bien du mal.
> Sans le petit *bossu* en poche,
> Nostre ruine estoit bien proche.

Le Burlesque remerciement des imprimeurs aux auteurs de ce temps, p. 4. Paris, 1649.

J'ai cité ces trois exemples, parce que M. Moreau, éditeur des Mazarinades et d'un catalogue de toutes celles qu'il a pu recueillir, a vu dans le *petit bossu* du troisième exemple, un pamphlet contre le prince de Conti qui était bossu, comme les *Gastons* et les *Condés* sont ici des pamphlets contre ces deux princes. Je ne saurais admettre cette interprétation ; ou alors il faudrait se demander pourquoi nous voyons ici par trois fois que les *bossus* se mettent dans la pochette ou sont destinés *à être bus*, tandis qu'il n'est rien dit de pareil ni des Condés ni des Gastons ? Il se peut toutefois que la petite monnaie en question ait reçu le nom de *bossu*, dans une intention malicieuse à l'égard du prince de Conti, parce que, comme lui, cette monnaie était déformée, sinon contrefaite.

BOUCHER LE C. D'UNE CHAISE (Se). S'asseoir.

« C'est elle-même qui m'a dit qu'on lui avait baillé vingt-quatre sous, pour aller *se boucher le c... d'une chaise.* »

> Grand Jugement de la mère Duchesne et Nouveaux Dialogues, p. 15. s. d (1792).)

On le dit aussi sans ajouter les mots *d'une chaise.*

BOUIS (Donner le). Achever, perfectionner, donner la façon.

JÉROME

« Ah ! ça, Cadet, c'est pas le tout ; faut z'un compilment, à c' t'heure-ci.

CADET

« Avec volontiers.

JÉROME, *embarrassé.*

« Dame, c'est qu'faut *donner l'bouis* d'une magnière de sentiment ben r'tapée au moins. »

> VADÉ. Compliment de la clôture de la foire Saint-Laurent, 1755.

« Faut qu'son père et sa mère lui ayons ben *donné l'bouis,* quand il l'avons faite.»

> Le Paquet de mouchoirs, p. 23. 1750.

Donner le bouis ou *un bouis* signifie également faire un compliment, louer, flatter, enjôler ; honorer, donner la palme.

« Stici loue vote esprit, stila vous *donne* un autre *bouis.* »

> Amusements à la Grecque, p. 48. 1764.

« C'est z'un tendre amant qui a fait jouer s'te ma-

chine pour *donner l'bouis* à mon cher père (c. à. d.
l'enjôler) et filer l'amour le plus près de moi qu'il
pourra. »

> Léandre hongre, parade, sc. ii, dans le Théâ-
> tre des boulevards, t. I, p. 199. 1756.

Je m'souviens qu'tantôt pis qu'un'glace,
Vous m'avez fais un' rud' menace :
Un' fill' queut'fois pour donner *l'bouis*,
Paroît pus froid' qu'un' chaîne à puits.

> Les Porcherons, chant vii, p. 196 ; dans les
> Amusemens rapsodi-poétiques, contenant le
> Galetas, Mon feu, les Porcherons, poëme en
> VIII chants, et autres pièces. Stenay, 1773, in-12.

Cette expression vient de l'habitude qu'avaient
autrefois les cordonniers, lorsqu'ils avaient posé
une semelle, de la polir avec un brunissoir de buis
ou de lui *donner le buis*, pour la rendre plus lui-
sante. On prononçait alors *bouis* généralement,
et, du temps de madame de Sévigné, même à la
cour.

Les cordonniers modernes ont une autre
méthode ; ils font les semelles mates et pâles, et
dédaignent l'emploi du polissoir, abandonné
désormais aux simples savetiers. Encore faut-il
que ceux-ci aient au moins soixante ans, les plus
jeunes suivant l'impulsion de la mode, et étant
comme on dit, du parti du mouvement. Les vieux
seuls s'en tiennent à la tradition, et s'ils posent
une demi-semelle, ils la *rebouisent*.

Ce même verbe *rebouiser* ou *rebouisser* est
encore une preuve remarquable de cette déviation
du sens primitif que je viens de signaler dans le
mot *bouis* dont il dérive. En effet, je rencontre ce
verbe avec la signification 1° de frapper d'étonne-

ment, interloquer; 2° de tancer, rabrouer, bruta-
liser ; 3° d'attirer, entraîner ; 4° de réparer, rac-
commoder ; 5° enfin de tromper, et, comme on
dit vulgairement, mettre dedans. En voici des
exemples :

1° « C'est pour vous r'marcier de la manière qu'
vote mère a été *r'bouissée* par la soutenance de votre
farmeté à mon sujet. »

> Vadé. Lettres de la Grenouillère, xvi° let-
> tre. 1755.

2° « T'avoueras que c'est ben dur... de s'entendre
rebouiser par un malotru sans rien dire. »

> Jacquot et Colas, duellistes, par L. R. Dan-
> court, sc. 1. 1781.

3° « Y s'agit de *r'bouiser* dans l'enrôlement Monsieur Toupet. »

> Vadé. Les Racoleurs, sc. xi. 1755.

4° « Si c'est à cause que j'rafistolons ses vieux pas-
sifs (1), que ne dégraigne-t'y (2) de d'même son hor-
logeux, quand il lui a *rebouisé* queuque montre

> Le Paquet de mouchoirs, p. 3. 1750.

5° « En voilà déjà un de *rebouisé*, et je veux méri-
ter l'estime de mon cher Léandre, en venant à bout
de l'autre. »

> La Chaste Isabelle, sc. iv, dans le Théâtre des
> Boulevards, t. I, p. 59.

Le sens de *rebouiser*, dans ce dernier exemple
et peut-être aussi dans le troisième, est à peu près

---

(1) Souliers, en argot.
(2) Méprise-t-il.

le même que celui de *donner le bouis* dans l'exemple tiré de *Léandre hongre*, cité plus haut.

BOURRE (frotter la). Fotter la peau, bâtonner, rosser.

> Rien m'a valu de sçavoir courre,
> On m'a voulu *frotter la bourre*.

> BERTHAUD. La ville de Paris, en vers burlesques; dans la pièce intitulée: *Le Pont au Change.* 1665.

La bourre est le vieux tan qui est sur la peau du mouton au sortir de la tannerie. On l'enlève ensuite en *frottant* la peau avec une râcloire.

BRELANDAGE. Menées factieuses.

« Et on croit qu'un brelandage comme ça peut durer longtemps? »

> Le Drapeau rouge de la mère Duchesne, II⁰ dialogue, p. 12. 1792.

Ce mot est formé du verbe brelander qui, au propre, signifie ne faire que jouer aux cartes, hanter les brelans, et au figuré, vagabonder. Mais cette double signification a fait place ici à une autre, dans ce dérivé. Dans ce pamphlet royaliste de 1792, *brelandage* veut dire, menées, intrigues, agitations factieuses et révolutionnaires.

BRIQUET (Battre le). Se disait d'un amoureux ou d'un galant qui débitait ses sentiments à l'objet de sa recherche ou de son amour.

TOUPET (*perruquier gascon*).

« Jé vous accompagnérai, et chemin fésant, jé veux m'esprimer par les açens les plus doux.

JAVOTTE

« Allez, allez, belle figure propre à faire du sain-
doux ; si vous n'*battez* pas l'*briquet* mieux qu'ça, l'ama-
doue ne prenra pas, j'vous en avartis. »

VADÉ. Les Racoleurs, sc. II. 1756.

On sait qu'on le dit surtout des gens qui ont
les genoux en dedans.

BRULER LE C. Faire banqueroute.

« Comme l'Archevêque de N... qui vient de *brûler
le c.* à tous ceux qui lui avoient avancé quelque
chose. »

Cahier des plaintes et doléances des dames de
la Halle et des marchés de Paris, rédigé au grand
salon des Porcherons, pour être présenté à Messieurs les États-Généraux. Onzième impression
qu'on a ravaudé, repassé et rajusté de son
mieux... Écrit à l'ordinaire par M. Josse, écrivain à la Pointe St Eustache, p. 15. Août, 1789.

« Son âme lui a *brûlé le c.* sans tambour ni trom-
pette. » (C. à. d. il est mort subitement.)

Amusements à la Grecque, p. 43, 1764.

BUREAU DE PROPRETÉ. Boîte de décroteur et ses
accessoires.

« Il employa tous ses amis pour m'faire avoir un
bureau de propreté sur le Pont-Neuf. »

Ibid., p. 42.

C.

CADENCE DU POUCE. Argent ou plutôt action de
le compter.

Ainsi dit du mouvement qu'on imprime aux
écus, en les poussant les uns après les autres avec
le pouce.

« Et ste *cadence du pouce !*

— Queu *cadence du pouce.*

— Sans doute. T'es fait comme les autres, toi. Ces garçons-là, quand ils poursuivent les filles (en mariage) , c'n'est pas tout uniment pour elles, ils veulent queuque chose avec. »

> Le Café des Halles, comédie, sc. xiv. 1783.

CALABRE (Battre la). Battre le pavé, vagabonder.

« Monsieur, il ne convient pas que l'époux de Mam- selle *batte la calabre* sur le pavé comme un simple officier. »

> Ah ! que voilà qui est beau ! parade, sc. dern. dans le Théâtre des Boulevards, t. I, p. 307. 1756.

« Que diroit-on de voir une fille de queuque chose *battre la calabre* avec un gentilhomme ?

> Isabelle douce, parade, sc. ix ; dans le même recueil, t. II, p. 176. Le Paquet de mouchoirs, p. 11, 1750.

Calabre est une corruption de *calade,* terme de manége, par lequel on désigne la pente d'un terrain où l'on fait descendre un cheval au petit galop, pour lui assouplir les hanches. C'est ce qu'on appelle *battre la calade.*

CALOT. Affaire, compte.

« Ça n' s'roit pas le *calot* du public, qu'on nous oblige d'agir de même envers leux endroit. »

> Le Paquet de mouchoirs, p. 11, 1750.

Ou ce mot est d'argot, ou c'est un substantif formé du verbe *chaloir,* se soucier, que les Picards prononcent et écrivent *caloir.* En ce cas, *ça ne serait pas le calot du public* pourrait se traduire par : le public ne se soucierait pas, ou il n'importerait pas au public. J'ajoute, pour épuiser toutes les conjectures, que *calot* peut être un nom propre, celui de quelque auteur d'un petit livre de *comptes faits,* dans le genre des *barèmes,* auteur qui aurait eu de la vogue dans ce temps-là. Mais aucune bibliographie ne m'en a révélé l'existence.

CAS DE ÇA (En). En pareille rencontre, à l'égard de cela.

NICOLE.

« Vous me paraissez un digne garçon... et qui devriez posséder une femme convenable à votre mérite.

JULIEN.

« Voyez comme le mérite perce ! Vous devinez donc ça tout de suite, vous ? Une fille a de bons yeux *en cas de ça.* »

VADÉ. Nicaise, op. com. Sc. VII. 1756.

« Note bonne princesse ! comme vous allez être aimée ! J'voulons que vous nous aimiez aussi, da ! J' sçavons ben que je le sommes, mais c'est qu'*en cas d'ça* on n'en a jamais assez, quand ça vient d'vote part.

Voyage et Description du temple de Cythère, t. II, p. 184. A Cythère, chez Cupidon, libraire des Amours, 2 vol. in-12. 1752.

CASSER. Manger.

Dans l'dessein d'aller z'à Saint-Cloud
Pour y faire un coup de ma tête,
Et z'y *casser* z'aveuc Manon
A nous deux t'un gigot d'mouton.

Riche-en-gueule ou le Nouveau Vadé, contenant les aventures plaisantes et divertissantes du Carnaval ; précédé de la vie et des amours de

Mardi-Gras… Publié par un enfant de la joie, et
dédié aux Dames des halles et marchés, aux
lurons de la Râpée et de la Grenouillère, et aux
jeunes gens des deux sexes, amis des farces et
du plaisir. A Paris, 1821. Pag. 235.

Où vont lurons et luronnes
Les jours de fête et le dimanche,
Casser ou la gigue ou l'éclanche.

Les Porcherons. Chant I, p. 126, dans les Amusements rapsodi-poétiques, etc. Stenay, 1773.

CEN, SEN, SAN. Ce.

« Du depi, je ne sçai rian de *san* qu'an fait à
Pazi » (1).

Agréable conférence de deux paisans de S. Ouen
et de Montmorency, p. 6. 1649.

Mais je ne nous en soucions guère,
Arrive tout *sen* qui pourra.

La Gazette des Halles, p 5. 1649.

Il faut bien que lé compèr' fasse
Cen que sa commère dit.

La Comédie des Chansons, act. V, sc. v. 1640

Ainsi, voilà trois déguisements du pronom *ce*,
sous trois livrées différentes. Les exemples en
sont très-nombreux, et sont même plus considé-
rables que la forme régulière, dans les écrits populaires du xvii° siècle.

Toutes ces formes ne sont point modernes ; elles
datent au moins du commencement du xii° siècle. Je ne sache pas qu'elles aient jamais été signa-
lées. En tous cas, ni M. Burguy, dans sa *Gram-*

---

(1) Depuis, je ne sais rien de ce qu'on fait à Paris.

maire de la langue d'oïl, ni M. Littré, dans son *Dictionnaire,* n'en ont parlé. On ne peut pas dire qu'elles sont des barbarismes causés par la confusion qui aurait été faite, dans les manuscrits ou dans les imprimés, de l'*u* de *ceu* (ancienne forme du neutre) avec l'*n.* Le maintien de ces formes jusqu'au délà de la première moitié du xviie siècle, est une preuve qu'elles sont de tradition. Je demande donc au très-docte M. Natalis de Wailly la permission de ne point adhérer à la correction qu'il a faite de *por san ke* en *por ceu ke,* dans une charte de Renaud, comte de Bar en 1118 (1). Je ne serais sans doute pas si hardi si je n'avais à lui opposer que mes textes du xviie siècle ; mais en voici un aussi ancien, pour le moins, que la charte de Renaud, et dont M. de Wailly ne récusera pas l'autorité. Il est tiré de l'ancien droit municipal de Normandie, et cité par *Du Cange,* au mot *Assisa,* t. I, p. 448, col. 3, de l'édition Didot : « Assise est une assemblée de plusieurs sages hommes en la court du prince, en laquelle *cen* qui y sera jugié doit avoir perdurable fermeté. Car si l'en nie *cen* qui aura esté fait és plés de la Visconté, l'en le puet escuser par une desrène ; mais *cen* qui est fait en l'Assise ne rechent nul desrène, ains est ferme à toujours par le recort de l'Assise, et entre deux Assises doit avoir 40 jours. »

La forme *cen* répétée ici trois fois, ne peut donc plus être ni contestée, ni corrigée, et le texte où elle

---

(1) *Eléments de Paléographie,* t. I, p. 160 : « Et por san keu ceu soye ferz, choise et staible a toriorz et perennelmens, etc. »

se rencontre indique qu'elle était propre au dialecte normand. On en trouverait encore des exemples dans la vieille *Coustume de Normandie*. Du Cange en cite un entre autres (t. V, p. 597, col. 2) où c'est à tort que notre mot *cen* est doté d'une apostrophe : *c'en.*

CERTIFICAT DE BONNES MŒURS. Marque imprimée sur l'épaule par le bourreau.

« Il (le bourreau) te donna par derrière un *certificat de bonnes mœurs.* »

> Le Poissardiana, ou les Amours de Royal Vilain et de Mamzelle Javotte la déhanchée, dédié à Mgr le Mardi-Gras par M. de Fortengueule. A la Grenouillière, 1756. Pag. 42.

CH'. Cher.

Toutes les pièces de théâtre de 1755 environ à 1789, sont infectées de cette apocope ridicule, mais très-populaire. On comprend qu'elle ne peut avoir lieu que devant une consonne. J'ajoute que les mots qui la provoquent principalement, sont ceux de père, mère, frère, sœur, tante et cousine. En voici quelques exemples :

> FANCHONNETTE
>
> Il faut, mon frère,
> Aller tout de ce pas
> Dire à ma *ch'* mère...
>
> CADET
>
> All' n' l'ignor' pas
> Alle consent à tout.

VADÉ. Jérôme et Fanchonnette, Sc. xv. 1756.

« J'vais me préparer toute seule à faire mon rôle devant mon *ch'* père et devant le public. »

Léandre grosse, parade, Sc. 1; dans le Théâtre
des Boulevards, t. III, p. 189. 1756.

« Y en a tout plein qui ne portent pas le nom de
leux *ch'* pères. »

L'Amant de retour, com., par Guillemain, Sc.
II. 1780.

« Oui, ma *ch'* tante, c'est le sérrurier d'à côté qui
l'a fait à mon père. »

Les Deux Martines, com., par Ducray-Duminil,
Sc. XIV. 1786.

L'usage d'avaler la moitié de ce mot, n'a pas
encore cessé. Il va conjointement avec ces deux
autres : *m'pa, m'man,* pour mon papa, maman.

CHAMPIGNON RETOURNÉ. Champignon mort en
une nuit, au rebours du champignon qui croit
dans le même temps.

« Il joua tant qu'il perdit tout son bien, jusques à
son carrosse et ses chevaux que le cocher et les laquais
suivirent ; car il les joua aussi ; et ensuite, congédiant
le reste de ses domestiques, il leur dit : Voilà ce que
mérite un homme comme moy, qui suis *champignon
retourné* ; car tout s'en est allé en une nuit. »

Les Maistres d'hostel aux Halles ; le Chevalier
crotexte, et l'Apothicaire empoisonné. Nouvelles
comiques. Pag. 64. A Paris, 1670, in-18.

Dire, comme on le faisait dans ce temps-là,
d'un objet quelconque de l'ordre physique ou du
moral, qu'il était *retourné*, c'était proprement
indiquer qu'il fallait prendre ou entendre cet objet
à rebours. On en verra plus loin d'autres
exemples (1). Ainsi, Mathieu Marais appelait, en

---

(1) Aux mots DIABLE RETOURNÉ et QUINZE-VINGT RETOURNÉ.

1727, les *Voyages de Cyrus* de Ramsay, un *Télémaque retourné,* parce que l'auteur avait eu la prétention d'écrire son livre d'après l'histoire, tandis que Fénelon écrivit le sien d'après la fable (1).

CHARME (Aimer comme un). Aimer passionnément, et comme qui dirait, être ensorcelé par la passion.

MARIE-JEANNE

« Elle doit bien t'aimer itou.

M. GOUJON

« *Comme un charme,* à peu près comme j'vous aime, Mamselle ; ça n'est pas guère dire au moins. »

VADÉ. Fragments, t. II, p, 3o3 des Œuvres complètes. Lyon, 1787, in-12.

On disait et on dit encore *se porter comme un charme,* par une fausse analogie avec notre locution : à moins qu'on ne veuille confondre ici par le mot charme l'arbre à haute tige qui s'emploie dans le charronnage et qui est en effet d'un très-beau *port.*

CHASSE. Mauvais procédé, atteinte à la réputation d'autrui.

« Ayant toujours été connu pour un grand débauché, l'on prend pour mal vivantes toutes les filles que l'on voit avec moy dans les rues. Aussitost elle me remercia ; mais ayant découvert ma malice, parce que

(1) *Journal et Mémoires de Mathieu Marais,* t. III. p. 5o4. Paris, 1864, in-8.

j'en avois fait raillerie, comme les filles sont naturellement vindicatives, cette *chasse* fut bien marquée. »

Les Maistres-d'hôtel aux halles, etc. p. 44.
1670.

CHATAIGNES (Mâcher). Hésiter en parlant, tourner longtemps sa langue dans sa bouche, comme
quand on mâche des châtaignes.

Et lors, sans luy *mascher chastaigne*,
Souffrez, dit-il, que je me plaigne
Des désordres de vostre Estat.

Le Courrier burlesque de la Guerre de Paris,
IIe partie, p. 13. Paris, 1650.

CHENIL (Au) !
Terme dont se servent les gens du peuple à
l'égard de ceux à qui ils penseraient faire trop
d'honneur en leur disant : au diable !

JOLIBOIS

« Mam'zelle, voulez-vous vous rafraîchir d'un doigt
de vin avec moi ?

TONTON

« *Au ch'ni ! au ch'ni !* Je n'bois pas avec des raccoleurs. »

VADÉ. Les Racoleurs, Sc. x, 1756.

Mme ENGUEULE

« Quiens, chien, si j'prends un tricot...

CADET

« Vous.

Mme ENGUEULE

« Comment, tu crois donc, parce que j' t'ons gâté,
que j' n'osons le faire ?

CADET

« Eh ! *au ch'ni !* Est-ce que c'est fait pour un seul-
dar de la mélice ? »

Madame Engueule, Sc. VIII. 1754.

« *Au ch'ni !* la contrebande. »

Amusemens à la Grecque, p. 7. 1764.

Cette locution cadrait à merveille avec l'habitude qu'avaient alors les mariniers, les portefaix,
les marchandes de marée, les bouquetières et
autres, de se traiter réciproquement de *chien* et
de *chienne* dans leurs querelles, et de faire inter-
venir ce mot dans toute conversation quelconque,
soit comme exclamation, soit comme juron, et le
plus communément sans nécessité. Je le ferai voir
un peu plus loin par maints exemples.

Aujourd'hui le peuple dit plus volontiers sinon
avec plus d'élégance : *à c'te niche !*

CHEVALIER DE LA COURTE LANCE. Savetier.

> *Chevalier de la courte lance,*
> Ou Savetier, par révérence.

> Révélation du Jeusneur ou vendeur de gris,
> estably dans le Parvis Nostre-Dame, contenant
> les remèdes nécessaires à la maladie de l'Estat,
> p. 2. Paris, 1649.

CHEVALIER DE LA CROIX DE SAINT-ANDRÉ. Un
homme qui a été roué.

Amusemens à la Grecque, p. 46. 1764.

CHEVALIER GRIMPANT. Laquais qui monte derrière les carrosses.

« Une vingtaine de *chevaliers grimpants* aussi inso-
lents que leurs maîtres. »

Cahier des plaintes et doléances des dames de la Halle, etc., p. 11. 1789.

CHEVALIER DE LA GRIPPE. Filou.

« Si alle n'prend pas, on t'prendra, toi, *chevalier de la grippe.* »

Riche-en-gueule etc., p. 25. 1821.

CHEVALIER DE LA LANCETTE. Barbier.

Cahier des plaintes et doléances, etc., p. 25 1789.

Il existe encore, de création populaire, plusieurs autres ordres de chevalerie, que je me dispense d'énumérer. Mais par le langage propre aux chevaliers de ces ordres, langage dont j'ai rassemblé ici quelques échantillons, on voit assez que c'était avec d'autres armes que l'épée qu'ils accomplissaient leurs prouesses et obtenaient leur dignité.

CHEZ. Dans, à.

L'autre jour croyant qu'y m'quittroit,
Je m'enfoncis *cheux* un cabaret.

VADÉ. Jérôme et Fanchonnette, Sc. VI. 1755.

« Cours vite, mon enfant, cours vite *cheux* ce cabaret du coin. »

Madame Engueule, Sc. I. 1754.

« J'allois *cheux* ta boutique. »

Les Battus payent l'amende, par Dorvigny, Sc. XI. 1779.

« Voyons s'il est *cheux* sa maison. »

Le Mariage de Janot, par Guillemin, Sc. II, 1780.

Là, je bûmes à tir-larigot,
Pis, j' grimpîmes *cheux* un carosse.

Riche-en-gueule, p. 237. 1821.

CHIEN.

Ce n'est pas d'aujourd'hui que le mot *chien* adressé à quelqu'un est une injure. On en a usé de cette manière chez les Hébreux, les Grecs et les Romains, et la tradition en a été recueillie par les Français, et surtout par les Parisiens avec autant de respect que s'ils n'eussent pas été capables de l'inventer eux-mêmes. Je me demande ce qui a valu ce triste privilége à un aussi excellent animal. Ses qualités, son intelligence, la force de son attachement, son imperturbable fidélité, tout ce qui frappe d'abord et charme le plus en lui, tout ce qui enfin lui a mérité l'honneur d'être proposé aux hommes comme le modèle par excellence de toutes ces vertus, aurait dû, ce semble, le tenir à l'abri d'un préjugé qui les met toutes en oubli, et qui, par une contradiction singulière, fait du plus estimable des animaux, le plus méprisable et le plus vil. Mais ce n'est pas ici le lieu de traiter cette question. Bornons-nous à dire que tout notre moyen-âge littéraire atteste la faveur singulière qu'y obtint cette injure ; qu'elle a même sa place dans les écrits postérieurs d'où la langue et les mœurs perfectionnées et plus polies semblaient devoir l'exclure, qu'elle remplit les écrits populaires du xviiⁱᵉ siècle et du commencement du xixᵉ, et qu'elle continue à faire partie du sottisier de la classe de gens pour qui ou par qui ils ont été composés. On en pourrait dire ce que disait je ne sais quel plaisant du mot *goddam*, relativement à la langue anglaise, qu'il est le fond de la langue populaire parisienne. Et il n'est pas de sauce à laquelle on ne l'accommode.

3

J'en pourrais citer d'innombrables exemples, mais ce serait toujours la même chose, et l'on en sera suffisamment ennuyé, sans cette uniformité même. En voici donc seulement quelques uns.

Il y a d'abord la locution *chien de* avec les noms masculins et *chienne de* avec les noms féminins : on dit ce *chien de* temps, cette *chienne de* pluie, et tout le monde le dit, selon les gens plus ou moins collet-montés chez lesquels on se trouve.

Il est *chien,* ou quel *chien !* se dit un homme désagréable, brutal, sévère ou avare.

Un *chien !* est un juron.

« Mais un *chien !* Qui recule avet nous ? »

Madame Engueule, Sc. VIII. 1754.

Jarnichien ! en est un autre.

« *Jarnichien !* c'est noir. »

Ibid., Sc. I.

Chien est un adjectif dans :

« Le tour est *chien.* »

Le Galant Savetier, par Saint-Firmin, Sc. VII. 1802.

Double *chien !* est une apostrophe.

Ibid., Sc. IX.

« Vilain sac à *chien !* »

Léandre hongre, Sc. IV, dans le Théâtre des Boulevards, t. I. p. 205. 1756.

« Marie *quatre à chien !* »

Amusemens à la Grecque. 1764.

« Il aura une peur d'un *trente chiens.* »

Madame Engueule, Sc. I. 1754.

Tout le monde connaît ce refrain d'une chanson grivoise de Vadé :

> J' veut être un *chien*,
> Y à coups d'pied, y à coups de poing
> J' l'y cassis la gueule et la mâchoire.

Mme ENGUEULE.

« Sarpé millions d'escadrons d'*chiens !* c'est Suzon qui m'a joué c'tour-là ? Garés, que j'la mette en bringue... Est-ce ti là, *chienne*, le grand marcy de t'avoir porté neuf mois dans mes entrailles ?

SUZON.

« Eh ben! montés dans ma hotte ; j'vous porterai un an, et vous m'devrés encore trois mois.

Mme ENGUEULE à *Lavigueur*.

« Pour toi, j'te pardonne tout ; mais pour Suzon, et ce p'tit *chien-là* (CADET) qu'étoit dans le ministère (mystère), sans m'en avartir, j' les rends bâtards. »

Madame Engueule, Sc. xiii. 1754.

Dans un couplet du xviie siècle, tiré, dit M. Francisque Michel (*Études de philologie comparés sur l'argot*, p. 109), « d'un manuscrit de son cabinet, » on lit :

> Pour tenir un *chien*
> De taille jolie,
> Un remède certain,
> C'est de l'eau-de-vie ;
> La petite de Saint-Martin
> En avalle soir et matin.

D'où M. Francisque Michel conclut que, comme on donnait de l'eau-de-vie à un chien « pour le tenir » (ce qui, par parenthèse, est un moyen de conviction ou un appât assez singulier), « on a pu dire dans le peuple, de la *liqueur de chien* pour de *l'eau-de-vie*, et que cette expression aura pris faveur, à cause du proverbe qui dit que le chien est l'ami de l'homme. »

Je trouve d'abord un peu bien forcée ou plutôt tout à fait chimérique cette allégation, tirée par voie de conséquence, que le nom de *chien*, a été donné à l'eau-de-vie, en reconnaissance de l'amitié que le chien porte à l'homme. On a pu, et bien certainement par un autre motif que j'avoue ne pas connaître, appeler l'eau-de-vie du *chien*, puisqu'on l'appelait au xviii° siècle et qu'on l'appelle encore à présent du *sacré chien*; mais, dans tous les écrits populaires ou poissards que j'ai examinés, je n'ai pas trouvé un seul exemple du mot *chien* ayant la signification d'eau-de-vie, et j'en ai trouvé une quantité de la locution *sacré chien* avec la même signification.

J'admets toutefois que M. Francisque Michel soit en mesure de produire des exemples de l'une et de l'autre sorte, il ne lui sera pas aisé de nous persuader que, pour s'attacher un chien, il faille lui faire avaler quelques petits verres, pas plus qu'il ne nous persuadera que, pour tenir un chien dans sa niche, il faille le lier avec des saucisses. Il me semble que la « jolie taille » du chien de son couplet et l'abus qu'y fait de l'eau-de-vie « la petite Saint-Martin », auraient dû le frapper et le faire douter de son interprétation.

La vérité est qu'ici le chien est la petite Saint-Martin elle-même, et que ce mot était alors, comme il n'a pas cessé de l'être, appliqué tantôt à l'amant en titre d'une fille publique, tantôt à cette fille elle-même, ou à tout autre en possession d'un amant. En voici deux exemples de dates récentes :

« J'entends un cri. Cré nom ! c'est mon *chien !*

> Le Gaulois, journal, numéro du 27 Décembre 1868.

Ici c'est la fille qui parle de l'amant. Mais voici l'amant qui parle de et à la fille :

> Mon p'tit *chien*,
> Ca va bien...
> J' t'acheterai d'abord
> Un p'tit bonnet sans dentelle
> Tu n' m'en paraîtras qu'plus belle.

> Album lyrique, IIIᵉ livraison. Paris, chez F. Gauvin. S. D. (1)

CH... RONDEMENT. Prendre son parti sans hésiter, sans faire de façons.

« Pardienne, Mamselle, vous l'avez déjà fait. A quoi bon tant tortiller... Il faut *ch... rondement*, et ne pas faire les choses en rechignant. »

> Isabelle double, Sc. ix, dans le Théâtre des Boulevards, t. II, p. 180. 1756.

Se ch... de quelqu'un, c'est se moquer de lui.

> Amusemens à la Grecque, p. 15. 1764.

On trouve plusieurs autres exemples, mais

---

(1) J'aurais pu supprimer cette explication qui est mauvaise, mais j'ai préféré la maintenir, et faire amende honorable à M. Francisque Michel que j'ai repris à tort. Il a raison de dire qu'on donnait de l'eau-de-vie aux jeunes chiens, pour les empêcher de grossir et pour « les tenir de taille jolie ». Cet usage était très-commun au siècle dernier (il l'est peut-être encore aujourd'hui), et je l'ignorais.

sans citation de textes, de l'emploi de ce verbe
dans le Dictionnaire de M. Littré; toutefois, ce
dernier y est omis.

CHINCHER. Chiffonnier, fripier.

> Chacun retourne à son mestier
> De *chincher* ou de savetier.

Le Congé de l'armée normande, p. 4. Paris, 1649.

Ce mot est formé de *chinche*, vieux linge, chiffon, guenille, prononciation vicieuse et signification péjorative de *cheinse* ou *chainse*, étoffe de lin
pur (*lineus pannus de puro lino compositus*), dont
on faisait des serviettes et des mouchoirs (*mappu-
las*), des essuye-mains (*lintea ad manus tergen-
das*), des braies (*femoralia*) pour les moines,
quand ils sortaient de leurs couvents, des chemises
ainsi que des vêtements de dessus à l'usage des
deux sexes (1).

Cheinsil ou *chainsil* avait la même signification, et Du Cange (édit. Didot) donne de nombreux exemples de l'emploi de *chainse* et *chainsil*,
tirés des vieux poètes français. J'y renvoie le
lecteur.

Chinche est une forme normande. Il y a à
Rouen une rue des *Chinchiers. Chincherie*, dans
le même dialecte, signifie toute sorte de linges :
de table, de toilette, de cuisine, etc.

---

(1) Voyez Hontheim (Jo. Nic. *ab*), dans *Historia trevieren-
sis*, t. I, p. 664. 1750. — *Chronicon Fontanellense*, ch. 16.—
Du Cange, éd. Didot, au mot *Camsitus*, t. II, p. 57, col. 3;
p. 58, col. l.

« Verre, toute *chincherie,* chire qui est venut ovec son miel... ne doivent rien. »

« *Chincherie,* ii d. por le tortel (1) i foiz lan. »

> Coutumier de la Vicomté de l'Eau de Rouen, ch. 19 et 22 ; dans De la Vicomté de l'Eau de Rouen, par Ch. de Beaurepaire, p. 306 et 312.

En Poitevin, on dit *cince* pour le chiffon servant à nettoyer le four, et *cencio,* en italien, veut dire chiffon en général.

CHOCHON. Compagnon, camarade.

> Habitués des faubourgs
>   Dans les jours de fête,
> Je chante ici vos amours,
>   L'aimable guinguette,
> Où l'on trouve sans façons,
> Francs amis et gais *chochons.*
>   Vive la guinguette,
>   O gué *!*
>   Vive la guinguette !

> La Guinguette, chanson par Debuire du Buc, dans des Chansons populaires, par Ch. Nisard, t. II, p. 100. 1867.

Il ne faut pas croire que *chochon* soit ici un euphémisme pour cochon; c'est la prononciation chuintée de *soçon,* mot de l'ancien français qui signifiait compagnon, associé, et dont il reste encore des dérivés, sinon la souche elle-même, dans certains patois.

---

(1) Aux barrières de la ville de Rouen, on payait indépendamment de la coutume du roi pour l'entrée des denrées, un tourteau au *barrier* ou *barragier.* Ici, ce droit du tourteau est remplacé par 2 deniers.

C'est *chochon* qui a donné lieu, par la force de l'analogie, à l'emploi du mot cochon dans ce dicton fameux, *Camarades comme cochons*. Mais cette interprétation a besoin d'être justifiée, et je l'ai fait de mon mieux.

Camarades comme cochons se dit, soit de gens qui font en commun des parties de plaisirs ou autres, et qu'on voit toujours ensemble ; soit d'individus vivant dans des relations très-étroites, moins amis que liés par des circonstances particulières, par un intérêt momentané, par un simple goût réciproque. Ce serait probablement ce goût réciproque qui constituerait l'intimité des cochons entre eux, comme il fait à l'égard des hommes.

Mais il n'y a pas plus d'intimité, si l'on peut dire, entre les cochons qu'entre tous les animaux qui habitent la basse-cour ou l'écurie ; il y en a peut-être moins. Accoutumés à vivre ensemble, les animaux domestiques sont sans doute tout désorientés quand on les sépare, et ils font mille efforts pour se rejoindre. Mais si cette habitude est un effet de leur choix, c'est qu'elle a été d'abord, pour quelques-uns du moins, un effet de la discipline. Or, pour ceux qui ont eu l'occasion de l'observer, nul animal n'est plus rebelle à la discipline que le cochon. Quand il est en marche, il tend sans cesse à se détacher de son groupe et à folâtrer à l'écart. Il n'y a que le fouet du porcher ou les coups de dents du chien qui puissent lui persuader de rentrer dans le rang. Toute sa camaraderie consiste à crier quand ou parce qu'un autre crie, et, dans ce duo, à faire sa partie en conscience. C'est alors qu'il produit en nous deux

effets contradictoires; il nous écorche les oreilles
et il émeut notre pitié. Il semble que c'est la pré-
vision d'un danger prochain qui lui arrache ces
cris déchirants, et, comme dit La Fontaine, qu'il
crie —

Comme s'il avaitcent bouchers à ses trousses.

Ce cri, répété par tous ou à peu près tous les
autres, est la marque qu'ils partagent ce sentiment.

Dom Pourceau, je le crois fort, est donc égoïste.
Le dicton eût été plus juste, si l'on eût pris le
mouton pour objet de la comparaison. Quelle plus
étroite amitié que celle qui règne entre les mou-
tons ? Ce n'est pas le cochon qui se jetterait à
l'eau pour périr avec son camarade ou se sauver
avec lui. Et quand on dit de quelqu'un qu'il se jetterait à l'eau pour ses amis, ne le déclare-t-on pas
le modèle des amis ? C'est sa parfaite connaissance
du caractère du mouton, qui induisit Panurge à
jouer à Dindenault le bon tour que vous savez. Il
n'eût pas eu la même confiance en son traître
dessein, s'il eût eu affaire à des cochons.

Je conclus donc que c'est par suite de quelque
méprise qu'on assimile des camarades, des compagnons étroitement unis, à des cochons, et que ce
n'est pas

CAMARADES COMME COCHONS

qu'il faut dire, mais

CAMARADES COMME SOCHONS

Essayons de le démontrer, et commençons par
le commencement. Il en est de la recherche des
origines de certains dictons populaires comme de

l'action dans un récit dramatique ; c'est en passant par une suite de faits qui procèdent directement les uns des autres, qu'on arrive au dénouement.

Au moyen âge, on appelait *soces* deux ou plusieurs personnes qui s'associaient pour un commerce, une industrie quelconque, pour le payement d'une taxe, d'une redevance. Il n'est pas besoin d'être bachelier ni docteur pour voir que ce mot vient du latin *socius*, et quand même on n'aurait ouvert de sa vie un rudiment, on ne laisserait pas de reconnaître le mot *soce*, par exemple, dans *société* dont il est le radical. Les *soces* institués en vue d'exercer un commerce, d'exploiter une industrie, partageaient par moitié, ou par tiers, ou par quart, selon leur nombre, les bénéfices ou les pertes. Les Italiens appelaient *soccio* et les membres d'une association de ce genre, et l'association elle-même. C'est ce qui est clairement expliqué dans le dictionnaire *della Crusca*, au mot *Soccio*. En vertu de cette commandite, l'un des deux contractants confiait à l'autre un troupeau pour le mener au pâturage et en avoir soin ; cela convenu et exécuté, il lui abandonnait la moitié du revenu. Il reste encore quelque chose de cet usage dans la Bresse et dans le Bugey, où il est appelé la *commande de bestiaux*.

Du temps qu'il y avait des fours banaux, chacun était tenu d'y porter sa pâte. Certaines gens obtenaient pourtant quelquefois d'exploiter un four à eux, à la condition de n'y cuire que leur pain et non celui des autres ; autrement le four banal eût souffert de la concurrence. Aussi, en Picardie, ne fallait-il rien moins que le consentement simultané du roi, de l'évêque et du vidame pour être mis en possession de ce privilége.

Ceux qui le faisaient valoir étaient des *soces*, et leur association une *socine*. Une charte de bourgeoisie, accordée aux habitants de la ville de Busency par Henri de Grandpré, leur seigneur, en 1357 (1), nous apprend que les *soces* payaient une redevance en nature au fournier, c'est-à-dire a celui qui tenait un four banal. Ainsi, tandis que le fournier ne prélevait qu'*un* pain sur l'habitant qui, à lui seul, remplissait tout le four de sa pâte, il avait droit à *deux* pains de la fournée des *soces*, et encore fallait-il que ces pains fussent à sa convenance :

« Et li fourniers doit avoir de celui qui aura plain le four *un* pain. Et se *soces* cuisent, lidiz fourniers doit avoir *deux* pains ; et si li pains que on li feroit, ne li séoit, il ne penroit deux pains de *soces*, lesquels que il volroit, et les *soces* rauroient les pains que on avoit faiz pour le dit fournier. » (2)

Soce, comme quelques autres mots, a reçu une terminaison *diminutive*, et l'on a dit *soçon*. De même, on a fait de coche, *cochon* ou le petit de la truie, mot que Frédéric Morel, dans son *Dictionariolum*, traduit fort bien par *porcelet* ; de chausse, *chausson*, de paillasse, *paillasson*, de tendre, *tendron*, de saucisse, *saucisson*, quoique, dans la pratique, on intervertisse la forme et le nom de ce dernier.

---

(1) Ordon. des Rois de Fr., t. IV, p. 368.
(2) Du Cange, au mot *Socius*.

Mais si, en revêtant cette seconde forme, *soce*
ne perdait pas son sens propre, il en adoptait un
plus complexe; car, outre que par *soçons* on entendait parler de gens ayant des intérêts communs,
on désignait aussi des amis d'enfance, des camarades de collége, des compagnons de plaisir, des
individus du même métier, tous ceux enfin ayant
entre eux quelque affinité de goûts, d'habitude,
d'âge et d'éducation. On lit dans des *Lettres de
grâce* de l'an 1421 :

« Jacot Tranly, compaignon ou *soçon* de jeunesse
d'icellui suppliant, etc. » (1)

Environ trente ans plus tard, on ne dit plus
soçon, mais *sochon* :

« Compaignons, que n'estes-vous alez sonner ? Vos
compaignons et *sochons* y sont alez. » (2)

Le lecteur jugera si j'ai eu raison de contester
l'exactitude d'un dicton si profondément populaire et qui l'étant moins, le serait encore trop.
En tous cas, j'ai cru qu'il était utile d'en essayer
une restitution que je crois non-seulement conforme à la vérité, mais (et cela n'est pas indiffé-
rent à tout camarade et compagnon) à la politesse.

J'ai dit que le dicton *Camarades comme cochons*,
devait être exprimé ainsi : *Camarades comme
sochons* ; j'ai fait voir que *sochon* était la prononciation chuintée de *soçon*, que *soçon* était un
diminutif de *soce*, lequel *soce* venait du latin
socius, qu'enfin les *soces*, *soçons* ou *sochons*,

---

(1) Du Cange, au mot *Sodes*.
(2) Ib., ib.

étaient des gens associés entre eux, en vertu de certaines règles, pour une industrie, ou commerce quelconque. Or, si je prouve que cette expression, un peu plus altérée, est encore en usage aujourd'hui, et s'applique à des procédés analogues, on ne saurait faire de difficulté d'accepter mon interprétation.

On lit dans le *Dictionnaire du patois normand* de MM. Duméril : « *Chonchonner*, faire ensemble. Peut-être du latin *cum*, avec (1) » ; dans le *Petit Dictionnaire du patois normand de l'arrondissement de Pont-Audemer*, par M. Vasnier : « *Chochonner*, posséder, entretenir, utiliser un cheval en commun » ; dans le *Dictionnaire du patois du Pays de Bray*, par M. l'abbé Decorde : « *Chochonner* se dit des petits cultivateurs qui réunissent leurs chevaux pour cultiver leurs terres » ; enfin, dans le *Glossaire picard* de M. l'abbé Corblet : « *Cheuchon*, compagnon de labour : *cheuchonner* se dit de deux petits cultivateurs qui s'associent pour labourer avec le cheval que chacun d'eux possède. Il signifie aussi en Bourgogne, vivre en concubinage ». Ce dernier exemple qui m'avait échappé, m'est indiqué par M. Jules Guillemin, secrétaire de la Société d'histoire et d'archéologie de Châlon-sur-Saône, lequel je remercie de me l'avoir rappelé.

J'énumère avec quelque complaisance toutes ces autorités, n'y ayant pas trop d'une légion de témoins pour détruire une imposture. Mais aurai-

---

(1) C'est une erreur ; ma démonstration précédente le prouve.

je détruit celle-là ? L'expérience nous apprend
que les proverbes les plus usités sont, la plupart
du temps, les plus estropiés, et qu'une fois estropiés, ils sont incurables.

J'espère, après cela, que le cochon représenté
ici comme le type de l'amitié, ne sera plus que
celui de la saleté. Pour en être réduit là, il ne
perdra rien de ses qualités positives, et l'on man-
gera toujours ses jambons, comme si le principe
même de leur excellence n'était pas l'ordure dans
les mœurs de cet animal, et l'ordure dans son alimentation.

CHOSIER. Nom abstrait, qui ne représente ni un
objet réel, ni une idée morale, et qui est usité seulement dans la locution proverbiale dont le passage qui suit offre l'exemple.

PIAROT.

« Nout courpoura nous l'assuzez... May je m'attan
qu'il en baye à gardé. N'an le nome plante-bourde à
caure de ça.

JANIN.

« Y mézite ban ce relom-là, quer gny a mot de
vézité en tout san qu'y di su s't'affaire. La queuë ne
viant pas de ce viau ; *l'y a bon dé chores à un cho-
rier.* » (1)

Nouvelle et Suitte de la Cinquiesme partie de
l'Agréable conférence de Piarot et Janin, païsans
de Saint-Oüen et de Montmorency sur les affaires
du temps, p. 7. Paris 1651.

---

(1)   PIAROT.

Notre caporal nous l'assurait... Mais je crois bien qu'il

Cette locution signifie que de tout ce qu'on raconte et qu'on assure avoir vu ou entendu, la plus grande partie est fort sujette à caution, et que pour bien distinguer le vrai du faux et n'être pas dupe, il est besoin d'une grande prudence et de beaucoup de discernement.

On sait que, sous le règne de Louis XIII et depuis, on a appelé *cabinet* un petit meuble dans le genre du buffet, à tiroirs ou à compartiments, dans lequel on renfermait toutes sortes de papiers et d'autres choses de valeur fort inégale, quelquefois aussi de nulle valeur : c'est parmi les objets de cette dernière catégorie qu'Alceste assigne naturellement une place au sonnet d'Oronte. Ces cabinets étant plus particulièrement des meubles de dames, on peut croire qu'il y régnait le plus souvent un certain désordre, et qu'on avait peine à y trouver la chose qu'on y cherchait. Je m'imagine volontiers qu'on a pu appeler en langage familier ces cabinets des *chosiers*. Je donne cette conjecture pour le prix qu'on y voudra mettre.

CINQ CENTS (Faire les). Faire tous les efforts possibles.

> O ! si vous aviais bonne envie
> Que le monde changît de vie,

---

en donne à garder. On le nomme plante-bourde à cause de cela.

JANIN.

Il mérite bien ce nom-là, car il n'y a mot de vérité en tout ce qu'il dit sur cette affaire. La queue ne vient pas de ce veau (*a*) ; il y a bien des choses dans un *chosier*.

(*a*) Se dit de choses qui n'ont pas de rapport entre elles

Tidié! vous feriais les *cinq cens*
Pour raccrocher ces braves gens
Qui prâchiont le pur Evangile.

Harangue des Habitans de la paroisse de Sarcelles à Mgr l'Archevêque de Paris, prononcée le
5 avril 1748, dans Pièces et Anecdotes, etc., IIᵉ
partie, p. 29.

Sans complément, cette locution signifie dé-
ployer une turbulence extraordinaire, faire le
diable à quatre et autres choses analogues. Dans
le passage cité, où elle est suivie d'un complément
elle veut dire, comme je l'ai traduite, faire les plus
grands efforts. D'ailleurs, dans la forme où elle se
présente ici, elle est inachevée; il y faut ajouter
le mot coups, et dire *faire les cinq cents coups*.
C'est l'exagération de la première forme, *faire les
cents coups*, qui signifie la même chose, et qu'on
ne trouve pas dans le dictionnaire de M. Littré.
Mais rien n'est plus du caractère du peuple parisien que d'outrer ses propres métaphores, même
les meilleures, et ainsi de les énerver. Déjà même
faire les cinq cents coups ne lui suffit plus aujourd'hui; il dit *faire les cinq cents dix-neuf
coups*. Demain il y ajoutera une fraction. On ne
fait jamais trop de progrès à son gré.

CIVILISER. Faire civilité, complimenter.

C'est là que le trio d'époux,
Du hasard éprouvant les coups,
Gobait goujon, couleuvre, anguille,
En jouant à la bruscambille
Un contre un, écot contre écot;
Tandis que Nicole et Margot
Faisaient compliment à Françoise

Sur son casaquin de siamoise,
Afin que Françoise à son tour
Civilisât leur propre-amour...
(Pour bien dire, on dit l'amour-propre).

> Vadé. La Pipe cassée, chant II.

En d'autres termes, pour que Françoise leur rendît la réciproque au sujet de leur toilette.

« Ma mère... a prié note voisine qu'alle s'en aille à la bonne Sainte Genevieuve pour auquel une de mes chemises touche à sa châsse, et qu'ça me guérirait... J'irai demain vous *civiliser,* et puis j' f'ront un entre-quien d'conversation là-dessus. »

> Id. Lettres de la Grenouillère, Lettr. XX.

Le sens qu'on donne ici à ce mot n'est pas sans délicatesse ; malheureusement il est impropre, le sens propre est, rendre civil, courtois, chose qu'il n'était pas au pouvoir d'une blanchisseuse du Gros caillou de faire à l'égard d'un pêcheur de la Grenouillère.

CLEF DE L'AUTRE MONDE. Épée.

« T'as bin fait de n'pas t'y jouer, car ils ont la *clef de l'autre monde* au c., et t'aurois pu servir de serrure. »

> Amusemens à la Grecque, p. 25, 1764.

CLIN D'ŒIL. Clignement d'œil.

« Vous aviez biau m'présenter des *clins d'œils* pour m'faire bonne bouche. »

> Vadé. Lettres de la Grenouillère. XXIIᵉ lettre.
> 1755.

CLOU DE SOUFFLET. Objet qui n'est d'aucune valeur.

Morgoy, ste çarvelle brûlée
Dans eune écriture moulée
Fait sonner. . . . . .
Que la besogne qu'a taillée
Monsieur Thomassin, ce qu'est faict
Sart tout comme un *clou à soufflet*.

Quatrième Harangue des Habitants de Sar‐
celles à Mgr l'Archevêque de Paris. 1736.

Bah, tout regret sert comme
D'un *clou à soufflet*.

Vadé. Jérôme et Fanchenotte, sc. xiv. 1755.

« Ils m'ont conté mille lanterneries qui ne valent
pas un *clou à soufflet*. »

La Comédie des Proverbes, act. III, sc. 3.

« Il s'est fait un *Diogène français*, mais ridicule et
impertinent... Je n'en donnerais pas un *clou de souf‐
flet*. »

Malherbe. Lettre à Peiresc, du 13 Février 1615.

Je pourrais produire d'autres exemples, mais
ceux-là suffisent. Loin de croire qu'un clou à
soufflet soit une chose qui ne sert à rien, je crois
au contraire qu'elle est très-utile, au moins au
soufflet. Car si un seul clou manque à votre souf‐
flet, vous remarquez incontinent que l'air n'est
plus aspiré ni chassé comme il faut par la douille,
y ayant ailleurs une issue par où il s'en perd une
partie. Mais il est vrai aussi que ce clou de moins
dans un soufflet ne le rend pas pour cela hors
d'usage, et par conséquent ne sert pas indispen‐
sablement à le faire souffler. Les cuisinières en
savent quelque chose. Aussi est-ce vraisemblable‐
ment de la cuisine qu'est sorti ce dicton.

Cocotte. Fille galante.

« Une certaine Adeline qui représente aux Italiens (1) et plusieurs autres *cocottes* de même espèce. »

> Cahier des plaintes et doléances, etc., p. 16, 1789.

Je ne donne ce terme que parce que les chroniqueurs parisiens des théâtres, des bals et concerts publics, des cafés et principalement de la galanterie de haut et bas étage, estiment qu'il est d'invention moderne.

Colle (Ficher la). En faire accroire à quelqu'un lui conter des bourdes.

> Avez-vous repris la parole
> Pour nous venir *ficher la colle*,
> Depuis que vous vendez du gris (2)
> A tous les simples de Paris ?
>
> Révélation du Jeusneur ou Vendeur de gris, estably dans le parvis de Nostre-Dame, contenant les remèdes nécessaires à la maladie de l'Estat, p. 4. Paris, 1649.

« Escoutez surtout ; *fichez*-luy bien vostre *colle*, et qu'elle soit franche. » (c'est-à-dire qu'elle soit persuasive).

> La Comédie des Proverbes, par Adrien de Montluc, act. III, sc. vii, 1633.

Coller sa peau. Epouser.

« S'il est bian du bon vray que vous vouliez *coler* vote *piau* à la mienne par un bon rémotif. »

> Poissardiana, p. 24, 1756.

---

(1) C'est-à-dire qui est figurante.
(2) Voyez Gris.

CONSEILLEUX DE BAL. Mauvais conseiller.

LA RAMÉE.

« T'nez, la mère Saumon, vous avez tort de n'pas donner mamzelle Javotte, votre fille, à monsieur la Brèche, note sargent ; c'est un brave homme, quand j'vous l'dis...

Madame SAUMON.

« Non, monsieu l'beau *conseilleux d'bal*, je n'voulons pas de ç'te charge-là ; j'voulons une charge de rapport, comm' qui diroit pérutier, et en boutique encore. »

Vadé. Les Raccoleurs, sc. v. 1756.

S'il était question de bal dans la pièce de Vadé et dans le passage où se trouve cette locution, on pourrait croire qu'il entend par là un musicien de l'orchestre, et qu'il l'appèle *conseiller de bal*, pour se moquer de ce titre de conseiller, alors fort discrédité, parce qu'on en abusait comme on fait aujourd'hui de celui de professeur. Mais il s'agit ici d'un soldat qui conseille à une marchande de poisson de donner la main de sa fille à un sergent, alors qu'elle a fixé son choix sur un perruquier. Le conseil est donc mal reçu, et le conseiller traité à l'avenant. Il faut donc lire ici *conseilleux de balle*, par allusion à la marchandise dite *de balle*, parce qu'elle est de qualité inférieure. Un homme ou une chose *de balle*, se disait d'un homme ou d'un objet sans valeur.

Vrament, c'est un biau Saint de balle !

est-il dit dans le *Compliment inespéré des Sarcellois à Mgr de Ventremille, au sujet du pèlerinage de Saint-Médard*, p. 17, 1733.

Allez, rimeur *de balle*, opprobre du métier,

dit Vadius à Trissotin.

On dirait aujourd'hui *de pacotille*.

COQ ET DE CAILLE (de). D'estoc et de taille.

« Monsieur d'la Brèche m'voit dans les douleurs, tire l'épée à la main-nue, et cric, crac, zin, zon, piff, paff, il s'escripe si bien *d'coq et d'caille* qui m'tire d'embarras en un crin d'œil. »

Vadé. Les Raccoleurs, sc. XIX, 1756.

CORNICHE LUI EST TOMBÉE DANS L'ŒIL (La). Il a eu du bonheur.

« Tu sais qu'elle a quitté les alumettes pour vendre des motes. Il y a queuqu'jours que j'la rencontris qui en avoit encore un reste... Elle me demande si j'veux lui en donner à moiquié gain... J'faisons nos conventions. Elle prend l'devant; la chance l'y tourne, comme si alle avait joué au bâtonnet avec moi; *la corniche l'y tombe dans l'œil;* chacun en achète, et au bout d'un moment elle revient à vide. »

Amusemens à la Grecque, p. 23. 1764.

La *corniche* n'est pas ici cette avance qui règne autour d'un bâtiment, à la naissance du toit, c'est une petite corne. On disait d'un mari trompé par sa femme, « qu'il lui était tombé une corniche sur la tête; » mais l'on disait aussi « heureux comme un *trompé,* » parce qu'on supposait que cet état du mari était une cause de bien-être et de prospérité dans le ménage. Nos vieux conteurs et La Fontaine après eux ont donné de la vogue et du crédit à ce préjugé, et le peuple de Paris en est encore imbu. C'est que la même cause qui l'en-

tretient subsiste encore, et qu'elle ne semble pas
près de finir.

Madame de Sévigné, sur le bruit qu'une corniche de la maison de Bussy était tombée sur sa
tête, lui écrit que « ce ne sont pas des diminutifs
qui font du mal à la tête de la plupart des maris,
et qu'ils se trouveraient bien heureux de n'être
offensés que par des corniches. » (Lettre du 6 juin
1668).

Ce même dicton a échappé aux recherches de
M. Littré.

Comme, dans notre exemple, il s'agit d'une
femme que la fortune favorise, l'auteur a cru devoir lui faire tomber la corniche dans l'œil au lieu
de la tête ; mais qu'elle tombât sur telle partie de
la tête ou sur telle autre, il est certain que la
chute en était regardée comme un signe de bonheur.

Cour des aides (La). Auxiliaires des maris
négligents à l'égard de leur femme.

« C'est mon père ; mais, respect de son caractère,
c'est un vieux fou. Il a beau m'en choisir deux (1),
c'est pour moi que je me marie, ce n'est pas pour lui.
Et quoique la *Cour des aides* ne soit pas un chien (2),
ce sera toujours du bon temps que j'aurai avec stilà
que j'aime. »

Blanc et Noir, parade, sc. iv ; dans le Théâtre
des Boulevards, t. II, p. 239. 1756.

---

(1) Deux prétendants.
(2) C'est-à-dire, à dédaigner.

CRACHER AUX YEUX. Insulter, outrager.

> Je te plais, j'empaume les Dieux,
> Et ce faquin me *crache aux yeux.*

> Suite de l'Orphée avec les Bacchanales ou les
> Rudes joueuses, p. 7. Paris, 1640.

CRACHER SUR LA VENDANGE (Ne pas). Être bon biberon.

Expression très-parisienne, et que la population ouvrière de Paris, la moins sobre peut-être qu'il y ait au monde, redit plus souvent que ses patenôtres. Mais ici, elle n'est pas d'original, et c'est pourquoi j'en fais mention. C'est une variante assez malpropre de la forme charmante : *Ne pas prêcher sur la vendange,* et que La Fontaine nous fait connaître :

> Messire Jean, c'était certain curé
> Qui *prêchait* peu sinon *sur la vendange;*

c'est-à-dire qui, le verre en main, ne s'amusait pas à pérorer au lieu de boire, défaut propre à certains buveurs.

Cependant, *Ne pas cracher le vin,* au XVIe siècle, voulait dire aimer à boire, et surtout bien porter son vin. Guillaume Bouchet, dans sa deuxième *Sérée,* p. 42, verso (1585), s'exprime ainsi:

« Nostre drosle qui ne *crachoit point le vin,* nous asseuroit que la meilleure eau de toutes estoit celle qu'on mettoit et qu'on mesloit parmi le vin. »

CRIBE ou CRIBLE. Grands airs, grandes prétentions. *Faire ses cribes,* faire ses embarras, faire le fier. *Faire cribe,* faire de l'embarras, du bruit.

PIAROT.

« Jarnigué, tu me feras bigotté. »

JANIN.

« La ! bigotte tout ton guiébe de sou, tu *fesas* hier
trop *tes cribes* avec ton habi neu (1). »

> Nouvelle et suitte de la Sixième partie de
> l'Agréable Conférence de Piarot et Janin... sur
> les affaires du temps présent, p. 4. Paris, 1649.

La pauvre femme, c'est pitié !
Al a un homme bian tarible,
Un homme qui, sans *faire crible*,
Luy aura fait quelque guignon,
Et très-bian frotté son taignon.

> Suitte de la Gazette de la place Maubert, par
> l'autheur de la Gazette des Halles, touchant les
> affaires du temps. A Paris, chez Michel Mettayer,
> imprimeur ordinaire du Roy, demeurant en l'Isle
> Nostre-Dame, sur le pont Marie ; au Cigne,
> 1649. Pag. 3.

Suivant sa trop fréquente habitude, Roquefort
donne, sans apporter d'exemples à l'appui, les mots
cribelle et *cribeste* avec le sens de crête, huppe,
aigrette. Tel peut être le sens de *cribeste*, mais
ce ne saurait être celui de *cribelle*. En effet, venu
du latin *cribellum*, diminutif de *cribum*, *cribelle*
est devenu *crible*, peau percée de trous, et servant
à tamiser. L'impossibilité où nous met Roquefort
de contrôler par un exemple le sens qu'il attribue
à *cribelle*, autorise à restituer à ce mot le sens
qu'il paraît à bon droit réclamer.

---

(1) Habit neuf.

Cribeste, au contraire, pris dans le sens de crête, n'est peut-être pas incapable d'être justifié étymologiquement. Il se pourrait qu'il vînt de *crista.* Mais alors, il faut admettre, outre le *b* intercalaire, que le groupe *st* qui suit ce *b*, a reçu, en passant dans le français, la prononciation qu'il a encore en Provence et en Languedoc, savoir celle d'*est,* comme dans *estatue, estation, estatut,* etc. Le lecteur jugera si cette conjecture est trop hasardée.

Ce qui paraît certain, c'est que, dans le vieux français, le préfixe *crib,* a le sens de quelque chose d'élevé, de proéminent; d'où la signification de haut de la tête, appartenant au mot *cribunel,* dans le vers suivant :

> Puis le prent par le *cribunel,*

dans le *Roman de Renart,* t. III, p. 25, v. 20451.

CRIN D'ŒIL. Clin d'œil.

Voy. Coq (de) ET DE CAILLE.

CROQUETAINE (A). Aux bons morceaux. C'est sans doute une enseigne de cabaret.

« Fait tizé pente (tirer pinte) au premier cabazet que tu varras à main gauche, en entrant, à *Croquetaine.* »

> Nouvelle et suitte de la Cinquiesme partie de l'Agréable Conférence entre Piarot et Janin, etc. p. 7. 1649.

On trouve dans Cotgrave, *croqueter* rendu par *to eat lickorously, to pick out the daintiest morsels,* c'est-à-dire manger avec sensualité, choisir les meilleurs morceaux. *Croquetaine* a bien l'air d'être formé de ce verbe.

4

CROUPE. Poupe.

« Son père a eu le vent en *croupe ;* c'est ce qui fait qu'il a acheté de belles et bonnes rentes voyagères (1).»

Le Déjeuner de la Rapée, p. 19. 1765.

CROY DE PAYE. Croît ou augmentation de paye.

« I m'disy que t'étois mourte-paye au Chastiau du Hâvre ; je donne au guiébe qui sçait que ça veut dize. Es-ce que tu ne poige pas té dettes ? Guian, si je te preste *croy de paye* (2). »

Nouvelle et suitte de la Cinquiesme partie de l'Agréable Conférence de Piarot et Janin, p. 5. 1651.

Locution intéressante analogue à cette autre, *croist de cens* ou *croiscens,* par laquelle aux XIIᵉ et XIIIᵉ siècles on indiquait une augmentation du revenu ou de la rente. On disait aussi *surcens.*

CRUCHON (Sucer le). Boire.

Chacun dans son petit état,
Travaillant comme un vrai forçat,
Des six jours se fait un carême
Pour pouvoir aller le septième
Sucer, comme on dit, *le cruchon.*

Les Porcherons, chant Iᵉʳ, dans Amusemens rapsodi-poétiques, p. 127. 1773.

C. Sous cette initiale, dont je retranche les deux

---

(1) Viagères.

(2) Il me dit que tu étais morte-paye au château du Havre. Je donne au diable qui sait ce que cela veut dire. Est-ce que tu ne payes pas tes dettes ? Du diantre, si je te prête croît de paye !

lettres qui la suivent, je réunis quelques parisianismes qui manquent, soit dans le Dictionnaire de M. Littré, soit dans ceux qui ont dû, comme lui et avant lui, recueillir les applications populaires de ce mot.

A *c.. ouvert*. Dans les formes, avec les cérémonies requises, quelquefois aussi, avec cordialité.

« J'commencîmes par une révérence *à c.. ouvert* qui n'avoit pas l'air job, da ! »

Le Paquet de Mouchoirs, p. 35. 1750.

Prendre la mesure du c.. avec le pied. Donner un coup de pied au derrière.

« S'il me regarde de travers, je lui *prends la mesure de son c.. avec mon pied*, de son mufle avec mon poing. »

Dialogue pas mal raisonnable entre un ancien commis de barrière, un passeur, un couvreur, un charpentier et une dame de la Halle, p. 7. S. l. n. d. (1790).

C'est bien cacher à qui le c.. voit. C'est-à-dire à la vue duquel rien n'échappe, et qui a des yeux même derrière lui.

Bourguignon à Margot.

« Ah, ah ! que faites-vous d'un sac ? » (1)

Madame Rognon.

« Un sac ? Il est bon là. Queu mic-mac ! Il n'est que trop plein son sac » (2).

___

(1) Un sac d'écus soi-disant.
(2) Elle était grosse.

Madame Cotteret.

« Margot, pourquoi montrer ça comme ça ; cache-le donc, si tu puis. »

Bourguignon.

« Ah ! oui, ma foi ; *c'est bien cacher à qui le c.. voit* ! Allons de franc jeu, Margot, comme à ton ordinaire. Qu'est-ce que c'est que ça ? »

> Le Porteur d'eau, ou les Amours de la ravaudeuse, comédie, sc. iv ; dans les Écosseuses, ou les Œufs de Pâques. 1739.

Tout comme le c.. vous pélera. Tout comme il vous plaira.

Champagne.

« C'est votre métier ; gouvernez ça comme vous l'entendrez.

Bourguignon.

« Tout comme il vous plaira. »

Madame Rognon.

« *Tout comme le c.. vous pélera.* Mais v'là qui est admirable ! Comment ? je verrai ma nièce en écritures, et je ne parlerai pas ! »

> Ib., sc. v.

Un autre passage offre la variante *Tant que le c.. vous pélera.*

Léandre.

« Mais je te dis moi que ça presse.

Gilles.

« *Tant que le c.. vous pélera.* Je ne fais pas si vîte, moi ; je m'en vais ruminer tout ça. Adieu, note maître, je nous reverrons tantôt. »

> La Vache et le Veau, parade, sc. ii, dans le Théâtre des boulevards, t. II, p. 178. 1756.

Faire beau c.. Prendre son parti philosophiquement d'un malheur qu'on ne peut empêcher ; céder avec grâce à la nécessité.

Je demande pardon de la citation un peu longue que je vais produire, à l'appui de mon interprétation ; mais c'est une page d'histoire sérieuse et piquante tout à la fois, et qu'il ne faut pas mutiler.

« Je veux raconter quelle singulière forme de négociation fut employée pour obtenir du prince Guillaume la cession de son duché de Nassau-Siegen. Cette contrée était indispensable à l'arrondissement du nouvel état que l'Empereur avait résolu de former sous le titre de grand-duché de Berg... L'Empereur prit le parti de traiter avec le prince Guillaume de l'échange de sa principauté contre une contrée aussi étendue et plus productive dans l'intérieur de l'Allemagne.

« M. de Talleyrand était ministre des affaires étrangères. Le prince se trouvait alors à Paris, où il avait eu quelques relations avec le général Beurnonville ; M. de Talleyrand jeta les yeux sur lui pour traiter de l'échange. Il connaissait au général un extérieur fanfaron et je ne sais quoi d'incisif qu'il croyait propre à triompher de l'entêtement du prince Guillaume, qui était passé en proverbe. Le projet d'échange avait été rédigé d'avance ; le ministre, en le remettant au général Beurnonville, lui recommanda d'employer tout ce qu'il possédait de dextérité à obtenir l'assentiment du prince, mais de ne rien précipiter, de s'y prendre avec beaucoup de douceur et de mesure. « C'est, ajoutait le ministre, une cruelle extrémité pour le chef de la maison de Nassau, que d'abandonner un état héréditaire où s'attachent tant de glorieux souvenirs. Sa susceptibilité peut être extrême sans être exagérée ;

il faut la ménager, et, je le répète, mettre le temps de notre côté. »

« Beurnonville d'applaudir et d'applaudir encore aux délicates prévisions du ministre ; il se charge des papiers qui contiennent sa mission.

« Le lendemain matin, M. de Talleyrand trouve le général à son lever : « Eh bien ! Avez-vous déjà vu le prince Guillaume ? Vous venez sans doute me dire que vous en avez été fraîchement accueilli ? Il fallait nous y attendre ; mais le début n'est pas grand'chose en une telle affaire. De la patience, et nous réussirons. »

« Pas de cela, répond Beurnonville ; tout est terminé. Voilà les doubles du traité signés par le prince. »

« M. de Talleyrand : « Mais par quel miracle et comment vous y êtes-vous donc pris ? »

« Le général : « Ma foi, j'ai bien repassé dans mon esprit les recommandations que vous me fîtes hier. En vous quittant, j'allai tout droit chez le prince que je rencontrai seul. L'occasion était à souhait pour lui parler d'affaires : Prince, lui dis-je, vous savez ou vous ne savez pas que l'Empereur a besoin de votre duché de Siegen. Il vous offre en échange une principauté dans l'intérieur de l'Allemagne, plus forte en population et plus riche en produits ; voilà le traité tout dressé. Je sais bien que vous avez de bonnes raisons pour refuser cet arrangement ; mais, sacredié ! vous n'êtes pas le plus fort ; ainsi, croyez-moi, *faites beau c..* — Et le prince a *fait beau c..*, reprit froidement M. de Talleyrand. — Oui, sans barguigner, dit Beurnonville, et, ma foi, je ne croyais pas en finir si tôt. »

Mémoires du comte Beugnot, ancien ministre (1783-1815), publiés par le comte Albert Beugnot, son petit-fils. T. I, p. 298 et suiv.

CUIRE LA NOCE. Faire cuire les mets destinés au repas de noce.

Métonymie unique en son genre et pleine d'audace, par laquelle on soumet à l'action de cuire les convives du festin, au lieu des mets qu'ils doivent y manger.

« J'allons au devant de ly, pour ly toucher queuque chose de l'affaire. Ah ! Cadet, à la tandis, t'iras nous queri zeune voye de bois de douze sols, pour *cuire la noce*. »

Madame Engueule, sc. IX. 1754.

CUIT DE JEUDI. Se dit d'une chose sur laquelle il est trop tard pour revenir, d'une faute qu'il n'est plus temps de réparer.

« Quand l'amoureux est content, il saigne du nez (1), et s'en va de long. Vouloir le rattraper, c'est tirer le diable par la queue. La jeunesse devroit retenir ça dans son catéchisme. Qu'a fait la sottise la boive ; la Grifaude la but tout son saoul. V'là que la créature est en l'air après son Cornichon, à ce qu'il eût à réparer le dommage arrivé par lui à l'endroit d'elle ; mais, *nescio vos* ; à d'autres ; ceux-là sont raflés, ils sont *cuits de jeudi* ; il n'y a plus de Cornichon pour elle. »

Les Écosseuses, p. 31. 1739.

C'est une allusion à l'ancienne coutume des boulangers de ne cuire qu'à certains jours de la semaine. Pour les uns, c'était le jeudi; pour les autres le samedi, ou tout autre jour. Comme alors les particuliers pétrissaient chez eux la pâte à des

---

(1) Il se dérobe, il manque de courage.

jours déterminés, qu'ils en formaient le nombre de
miches nécessaires pour subvenir pendant un
temps également déterminé, aux besoins de la
famille, et que ces miches étaient ensuite portées
au four commun, il fallait, pour mettre de l'ordre
dans les fournées, que le boulanger eût des jours
de cuisson fixés et accommodés aux convenances
de ses pratiques. Ces mêmes jours, il cuisait, avec
leur pain, celui qu'il faisait pour lui-même afin
de le vendre aux gens qui n'avaient pas le moyen
d'en faire chez eux. Ceux-ci, naturellement, n'a-
vaient garde de prendre, le vendredi ou le samedi,
le pain cuit du jeudi, et le boulanger eût perdu
son temps à les y solliciter.

D.

DÉBLAYER. Semer, répandre, verser comme on
fait les déblais.

« J'venons ici *déblayer* la joie, tant j'nous sentons
le cœur en garouage. ».

> Les trois Poissardes buvant à la santé du Tiers-
> Etat, p. 1. (1789.)

DÉCLAQUER. Appliquer, porter avec force.

« J'ay buqué tout belleteman à sn'huy ; sa minagèze
a demandé qui est là ? Ouvré, s'y ay-je réponu ; c'est
Janin de Moumorancy. Al'a ouvar l'uy tou de gran,
é, comme je ly fesas le pié de viau, al m'a *déclaqué*
une grande plamuse su la bouffe. » (1).

> Suitte et Quatriesme partie de l'Agréable con-

---

(1) « J'ai heurté tout bonnement à sa porte ; sa ména-
gère a demandé qui est là ? Ouvrez, lui ai-je répondu ;
c'est Janin de Montmorency. Elle a ouvert la porte toute

férence de Piarot et de Janin, païsans de Saint-
Ouen et de Montmorency, sur les affaires du
temps, p. 4. Paris, 1649.

Le préfixe *dé* qui signifie généralement l'action
d'ôter, de défaire, de descendre, etc., et qui représente la préposition latine privative *de,* a quelquefois aussi un sens d'extension, d'augmentation,
comme dans défaillir, et comme ici dans *déclaquer,*
augmentatif de *claquer,* faire du bruit.

Dans l'*Agréable conférence* suivante, c'est-à-
dire la Cinquième, p. 6, *déclaquer* a le sens de
détraquer, faire craquer.

« La dessu, le guiébe me tenti de bouttre dé botte
de couir une foua en ma vie... Y faillu ban dé
machène pour en choussé une ; enfen, al i entri. Mai
quan ce vint à la jambe gouche, où j'ay évu, grâce à

---

grande, et comme je lui faisais le pied de veau, elle m'a
appliqué un bon soufflet sur la figure. » Faire le pied de
veau, c'est saluer en tirant le pied en arrière, à la manière
des veaux, et en général des herbivores, lesquels ne
peuvent brouter ou boire dans une mare, sans lever plus
ou moins en arrière leur pied de devant. Il n'y a guère
qu'une quarantaine d'années que les paysans croyaient se
montrer particulièrement courtois, en tirant le pied en
arrière, c'est-à-dire en faisant le pied de veau, lorsqu'ils sa-
luaient. Mais depuis les progrès qu'ont faits la politesse et
les principes de l'égalité, ils ôtent à peine leur chapeau et
le remettent aussitôt.

Pour montrer que l'honneur était plutôt à celui qui hono-
rait qu'à celui qui était honoré, le petit Père André disait
malignement : « Quand je rencontre mon cousin, le président Boullanger que voilà, il me fait le *pied de veau,* et le
pied de veau lui demeure. »

Guieu, lé lous, je pansi regnier ma vie, car n'an me *déclaqui* la cheville du pié. (1) »

Mais *déclaquer*, ici encore, est un augmentatif de *claquer* ; car la cheville ayant craqué par l'effet d'une compression trop forte, a, comme un soufflet, fait du bruit, quoique ce bruit ait eu moins d'éclat.

Dédain (Le) de la fierté. Fier dédain ou fierté dédaigneuse.

« Monsieur Mirtil a eu la bonté de l'y faire un r'doublement de douceur à l'intention de mon égard, qui a tout d'suite s'coué le *dédain de sa fierté.* »

Vadé. Le Confident heureux, sc. xii. 1755.

Vadé et ses imitateurs, mais lui surtout, sont prodigues jusqu'à la satiété de cette sorte de pléonasme burlesque. La phrase que je viens de citer en offre seule deux exemples. Le second est à *l'intention de mon égard.* Il est vrai que le peuple de Paris, quand il est en politesses et qu'il observe son langage, n'en est pas moins prodigue que ceux qui le font parler, et c'est là leur excuse.

Définition. Fin.

« Pour qu'en cas qu'ça vous fasse plaisir, j'fasse

---

(1) La-dessus, le diable me tenta de mettre des bottes de cuir une fois en ma vie... Il y fallut bien des machines pour en chausser une. Mais quand ce vint à la jambe gauche où j'ai eu, grâce à Dieu, les loups (*a*), je pensai renier ma vie, car on me détraqua la cheville du pied.

(*a*) Nom donné à certains ulcères rongeants que l'on comparait à des loups dévorants. Littré.

parler ma mère à votre mère, afin que j'voyons la *définition* de tout ça. »

Vadé. Lettres de la Grenouillère, XXᵉ lettre.

Ce même mot est également employé dans le sens d'achèvement de préparatifs pour une affaire quelconque.

« Vous n'feriez pas mal d'aller nous rincer quelques verres, pour attendre la *définition* du dîner. »

Cadet Roussel misanthrope, parodie, sc. xii 1799.

Défriner. Oter son frein, rompre ses liens. Au figuré, perdre le sens, s'égarer.

Dans un ventre comme un tonniau
Que toujours l'an remplit, l'an bourre,
Où veut-an que l'âme se fourre ?
N'ayant pas de quoy se torner,
Alle ne fait que *défriner*.

Troisième Harangue des habitants de la paroisse de Sarcelles à Mgr l'Archev. de Paris. Mai 1732.

On disait *défréner* en vieux français

Dégouliner. Couler.

« Ce qui était de plus divartissant, c'étoit ces jeux d'iau de vin qui *dégoulinoient* tant qu'a dès noces. »

Vadé. Fragment, p. 300 du t. II des Œuvres complètes. Lyon, 1787.

Dégueniller. Mettre en pièces, en guenilles.

Voy. Halfessiers.

Delanche. Epileptique, ou qui a le teint d'un épileptique.

> La malebosse ! le sot jeu
> Qui blesse non pas pour un peu,
> Qui fait très-bien mal à la hanche.
> Foin, ça fait devenir *delanche.*

> Le Véritable Gilles le Niais, en vers burles-
> ques. S. l. ni D. (1649). p. 8.

On lit dans Cotgrave, au mot *Delence* (1) : « in
stead of *d'ellend ;* of the colour of an elke » ;
c'est-à-dire, au lieu *d'ellend ;* de la couleur de
l'élan. D'autre part, on lit dans Ambroise Paré,
Licorne, 19 : « Et quand ce ne seroit que la misère de l'animal qui tombe si souvent en épilep-
sie, dont les Allemands l'appellent *hellend* qui
signifie misère. » Cette étymologie sans doute est
peu vraisemblable, mais c'est grâce à elle, ainsi
qu'à la définition donnée par Cotgrave, que je suis
parvenu à comprendre et à interpréter le mot *Delanche.* J'ajoute que ce mot n'est dans aucun dictionnaire, si ce n'est dans celui de Cotgrave qui a
dû, dans le temps même où il le recueillait, l'entendre prononcer par les Parisiens.

La pièce (c'est une mazarinade) d'où je l'ai tiré
est une espèce d'amphigouri, de propos interrom-
pus, dont on a peine à comprendre six vers de
suite.

(1). Il y a *deleuce* ; mais c'est une faute d'impression.

DÉQUILLER. Renverser, faire déchoir d'une dignité, d'une prérogative.

> Quand Paul l'aisné ton deffunct frère
> *Desquilla* du trosne des lois,
> Et fut planter choux près de Blois.

> Le Procez burlesque entre monsieur le Prince

et madame la duchesse d'Aguillon, avec les plai-
doyeries, par le S. D. S. M. p. 35. Paris, 1649.

> Je veux contre la médisance.
> Soustenir sa haute Eminence,
> Réfuter tout ce qu'on a dit,
> Pour la *desquiller* de crédit.

>> Apologie du Cardinal burlesque, p. 4. Paris,
>> 1649.

« S'il avait été de la cour, il aurait bien *déquillé* La
Rivière. »

>> Tallemant des Réaux, historiette du Petit Gra-
>> mond.

Déquiller, c'est faire tomber comme une quille.
Si je note ce mot que M. Littré a déjà recueilli,
c'est qu'il est encore en vigueur dans le populaire
parisien.

DERRIÈRE (Avoir la clef de son). N'être plus un
petit enfant ; avoir l'âge de raison.

> Sachez que le nôtre, morbleu,
> Ne marche plus à la lisière,
> Qu'il *a la clef de son darrière*,
> Qu'il en prend partout où il peut,
> Et se divartit tant qu'il veut.

>> Harangue des habitants de Sarcelles à Mgr
>> Charles, dit de Saint-Albin, archevêque duc de
>> Cambrai, etc., dans Pièces et Anecdotes, IIe par-
>> tie, p. 155. 1741.

DERRIÈRE (Se découvrir le). Se démasquer, se
trahir.

> Lorsque l'an ment, c'est dans la vuë,
> Parguié, qu'une chose soit cruë,
> Sinon, ign'auroit, Monsigneur,
> Point de plaisir d'être menteur.

C'est pourtant pas votre manière;
Vous *vous découvrez le darrière*,
A chaque fois que vous hâblez.

> Deuxième Harangue des habitants de Sarcelles à Mgr l'archevêque de Sens, dans Pièces et Anecdotes, 1ʳᵉ partie, p. 361, 1740.

DÈS DANS LE. Dès le.

« Le comparre qui m'connoissoit *dès dans le* ventre de ma mère. »

> Poissardiana, p. 12. 1756.

DÉTRIVER (Se). S'apaiser, calmer sa colère.

Le roy voyant cette avanture,
Ne sçait que faire. Il peste, il jure...
Sur ce arrive Sainct-Yon
Qui démonstre à nostre bon sire
Qu'il vousist appaiser son ire ;
Que le peuple se soulevoit,
Contre celuy qui l'oppressoit,
Et restoit sur la deffensive.
Aussitost le roy *se détrive*,
Et faisant trève à son courroux, etc.

> Véritable récit de ce qui s'est passé aux Barricades de 1648, p. 13. Paris, 1649.

Dérivé d'*estrif*, dispute, discussion animée, querelle, etc. *Détriver*, etc., *sortir d'estrif*, par conséquent cesser de quereller, de s'emporter.

Je doute que ce mot soit en usage aujourd'hui, dans cette partie de la population parisienne qui est restée le plus fidèle aux formes populaires du dix-septième siècle.

DÉVALLÉE. Escalier.

« Mais l'abbé... vous les a f...us du haut en bas de
la *dévallée.* »

> Journal de la Rapée, n° V, p. 3. 1790.

DÉVEUGLÉ. Désabusé.

> Commère enfin, pardieu, je pense,
> J'ons monstré à Son Emenence (1)
> Comme sa hautez nous déplais ;
> J'en ons dit deux mots au Palais.
> Parguié, j'en sommes *déveuglée,*
> J'en voulons faire une vallée.

> La Gazette des Halles touchant les affaires du
> temps. Première nouvelle, p. 3. 1649

DIABLE RETOURNÉ. Ange, ou plutôt démon bon,
bienfaisant, si de telles épithètes sont compatibles
avec le mot démon (2).

« Quoiqu'on vous qualifie de diables, ce nom vous
est impropre, ou bien l'on vous devroit nommer *Diables retournez,* parce qu'au lieu de conduire les hommes dans la voye de perdition, vous leur enseignez
celle du salut par la patience que vous leur faites
exercer. »

> L'Apothichaire empoisonné, dans Les Maistres
> d'hôtel aux Halles, p. 316. 1671.

Poltron retourné est dit pour brave.

Ha ! *poltron retourné* . . . .
Je veux tout d'un plein saut te boutre à la renverse.
Avance le gigot.

> Le Galimatias du sieur Deroziers Beaulieu,
> tragi-comédie, sc. v et dernière. Paris, 1639.

---

(1) Mazarin.

(2) Voyez CHAMPIGNON RETOURNÉ, et QUINZE-VINGT RE-
TOURNÉ.

DIEU BÉNIT LA CHRETIENTÉ.

Se dit, selon le Dictionnaire de M. Littré, quand on compare un homme à un animal, pour atténuer ou pour reprocher ce qu'il y a de désobligeant en cela.

Il me semble qu'il faut lire *se reprocher*; car on ne saurait accorder ces deux choses : atténuer une injure que l'on fait à quelqu'un et la lui reprocher en même temps. Il y a là non-sens ou contradiction, très-vraisemblablement à la charge de l'imprimeur.

Je ne connais pas d'exemples de cette formule, qui justifient la définition de M. Littré, et il n'eût pas été inutile d'en produire un. Un très-grand nombre de dictons populaires, de proverbes et autres formules analogues, ne se comprennent clairement que par la place qu'ils occupent dans le discours, et par les circonstances qui les environnent. C'est surtout aux dictionnaires qui les relèvent et qui les définissent, à les mettre dans ce cadre indispensable, et sans lequel le lecteur ne peut juger de la convenance des définitions. Si donc M. Littré eût eu sous les yeux l'exemple que je vais citer, il eût peut-être changé sa définition, ou il l'eût donnée moins absolue.

« Le Chansilié, stila qui boutte les beignets su ces contras, la failli, sditi, belle ; quer y fési passé son coche par dessu une barricadre. N'en criy haro su ly ; fallu qui se cachi, *Dieu béni la Crétianté*, révérance, dans le privé, et que tous lé seigneux du Rouay le vinssien requéri tou bréneux » (1).

---

(1) Le chancelier, celui qui applique les sceaux de cire sur

Agréable Conférence de deux païsans de Saint-
Ouen et de Montmorency sur les affaires du
temps, p. 5. Paris, 1649.

On voit ici, par la manière dont cette formule
est introduite dans le discours, qu'elle arrive au
moment où l'on se dispose à dire une chose incon-
venante d'un personnage respectable, et que toute
comparaison de ce personnage avec un animal en
est absente.

Il est certain toutefois qu'il y a quelque chose
d'injurieux dans l'intention du narrateur, et que
la formule en question est amenée là pour l'atté-

---

les contrats, la faillit, dit-il, belle ; car il fit passer son carrosse par-dessus une barricade. On cria haro sur lui ; il
fallut qu'il se cachât, Dieu bénisse la chrétienté, révérence
parler, dans le privé, et que tous les seigneurs du roi le
vinssent retirer tout breneux. »

Le chancelier Séguier se rendit au parlement à six heures du matin, pour y annoncer la mise en liberté de Brous-
sel. Arrêté par une barricade, et le quai des Orfèvres lui
étant fermé, il voulut passer par celui des Augustins, et
escalada la barricade avec son carrosse. Mais de plus en
plus pressé par la populace, il n'eut que le temps de se
jeter dans l'hôtel d'O, habité alors par le duc de Luynes.
Les portes en ayant été fermées aussitôt, le peuple les en-
fonça, se répandit dans les appartements, et se donna le
plaisir, selon son usage, d'en piller les meubles. Pendant
ce temps-là, le chancelier s'était réfugié dans un bûcher
où, fort heureusement pour lui, on ne s'avisa pas de le
chercher. Et comme alors les « privés » étaient, dans presque toutes les maisons, et particulièrement dans les hôtels,
relegués au fond des bûchers, on ne ment pas tout à fait
quand on dit ici « qu'il se cacha dans le privé » ; outre qu'il
n'est pas impossible qu'il s'y soit caché en effet. C'était du
moins la légende du temps, sinon l'histoire véritable.

nuer ; comme quand on dit : sauf votre respect.
Aussi me suis-je borné à dire que la définition de M. Littré est trop restreinte, et qu'elle a
besoin d'être étendue davantage. Le *mot de chrétienté* s'applique aussi à la chose dont Bobèche
disait : C'en est, et de la plus fine. La rencontre
de chrétienté, révérence, dans le privé, est donc
absolument gaie.

Dis (Je te) et je te douze. Je te dis et je te
répète.

C'est une espèce de jeu de mots amphigouri-
ques, emportant avec soi une idée de réduplica-
tion, et marquant l'insistance qu'on met à être
entendu, compris ou obéi. Encore aujourd'hui,
il y a peu de locutions aussi populaires que celle-
là, et aussi parisiennes, bien qu'elle ne soit pas
étrangère à la province, notamment à la Bourgogne.

« Ouy, *je vou le di et vou le douʒe* qu'an y mange
de la ché, de la voulaye, et dé reux, queme en char-
nage (1). »

Suitte de l'Agréable Conférence de deux païsans
de Saint-Ouen et de Montmorency, p. 5. 1649.

« *Je te dis et je te douʒe*, moi, que ça n'est pas
vrai. »

Les Ecosseuses, p. 84. 1739.

« *Je te dis et je te douʒe* que c'est monsieur que je
baisois tout à l'heure. »

---

(1) Oui, je vous le dis et vous le douze, qu'on y mange
de la chair, de la volaille et des œufs, comme en carême.

Caraçataca, parade, Sc. II, dans le Théâtre des
Boulevards, t. I, p. 170. 1756.

Molière qui connaissait si bien le langage des
paysans de la banlieue de Paris, et qui les fait
parler presque aussi bien qu'ils parlent dans les
Conférences, fait dire à Jacqueline, dans le
Médecin malgré lui (Act. II, sc. I) :

« *Je vous dis et vous douʒe* que tous ces médecins
n'y feront rian que de l'iau claire. »

Dix francs. Deux sans le sou. (*Deux cents
sous.*)

« Quand vous serez mon mari... je serai vot' femme,
et ça fra *dix francs.* »

Gilles, garçon-peintre, zamoureux et rival, par
Poinsinet le jeune, sc. v. 1758.

Il est bien entendu qu'il a fallu deviner ce
calembour, l'auteur n'ayant pas pris le soin de
l'expliquer en note.

Dix-huit. Vêtement raccommodé ou remis à
neuf.

« Oh ! dame, c'est un Dix-huit, c'tila, mais qu'im-
porte ? Tout sert en ménage.

Le Paquet de mouchoirs, p. 50. 1750.

On appelle encore aujourd'hui *dix-huit,* en
langage de savetier parisien, un soulier ressemelé,
c'est-à-dire deux fois 9 (neuf). On transporte ici
cette figure à un vêtement quelconque remis à
neuf.

A ce propos, je dois dire que je me suis trompé

dans mon interprétation première de ce terme (1),
ayant avancé que le *dix-huit*, était au *trente-six*,
habillement de cérémonie ou des dimanches, ce
qu'un demi est à l'unité. Il est bien vrai qu'on
dit populairement *être sur son trente-six*, par
exagération de la forme plus commune *être sur
son trente-et-un* ; mais dans l'exemple ci-dessus,
comme c'est un savetier qui parle, il est évident
qu'il a dû tirer sa métaphore du langage de sa
profession. Puisqu'il m'arrive ici quelquefois de
rectifier les erreurs des autres, il est de mon devoir
de ne pas négliger les miennes.

DOGUE ! (La). Espèce d'exclamation ou de jurement dont je ne connais pas d'autre exemple.

« Morgué, tu m'offence ; je larais puto ma roupye
en presse que te laissé poigé à mon carquié. *La
dogue ?* tu ne me counais pas. Quand je n'airais qu'un
tournas, faut qu'y dance. » (2)

> Nouvelle et suitte de la Cinquiesme partie de
> l'Agréable conférence de Piarot et Janin... sur
> les affaires du temps, par le mesme autheur des
> précédentes parties, p. 8. Paris, 1651.

Ce qu'il y a de plus remarquable dans ce mot,
c'est que le genre en est changé. Cependant, on disait *dogue* pour chienne au XVe siècle, témoin ce
passage de Roger de Collerye, cité dans le Diction-

---

(1) *Etude sur le langage populaire parisien*, p. 306.
1872, in-8.

(2) Morgué, tu m'offenses ; je laisserais plutôt ma rou-
pille en gage que de te laisser payer mon quartier. La
dogue ! tu ne me connais pas. Quand je n'aurais qu'un
tournois, il faut qu'il danse.

naire de Lacurne, p. 149, et reproduit par
M. Littré :

> En un matin, en m'esbatant,
> A une fille qui a vogue,
> Survint une grant vieille *dogue* (1)
> De laquelle ne fuz content.

DORMIR COMME UNE SOUPE OU COMME UNE PIERRE

« Enfin, tant y a, le pauvre défunt ne laissoit rien
de repos, quand il s'en venoit chez nous. Notre grande
Catin *dormoit comme une soupe* ; j'avais beau la
réveiller, ça vous *dormoit comme une pierre*. »

Les Écosseuses, p. 47. 1739.

Soupe est une méprise ; c'est *souche* qu'il fallait
dire, comme étant plus conforme au dicton et à la
vraisemblance. Le langage populaire de Paris est
plein de ces méprises occasionnées par des analogies de sons, plus ou moins exactes. S'il n'y a pas
méprise, il y a imitation grotesque d'un groupe
de sons, comme lorsque Paillasse dit que son
médecin lui a ordonné *des p'tits ânes et des p'tits
chiens blancs*, au lieu de ptisane de chiendent.
Voici encore une imitation du même genre :

DOS ET VENTRE. Lods et ventes.

« Il y a une terre qui a des droits de *dos et
ventre*. »

Le Déjeuner de la Rapée, p. 19. 1755.

Je trouve ailleurs cette expression familière
employée avec deux sens fort différents, l'un qui

---

(1) Ce mot signifie sans doute une entremetteuse.

signifie « sur toute la surface du corps », l'autre, et c'est le vrai, « à cœur joie, avec excès.»

Scarron offre un exemple de la première signi-fication, Jouin de la seconde.

> S'il faut, dis-je, que ce volage
> Attrape enfin quelque rivage,
> Que ce ne soit pas sans danger...
> Qu'un peuple qui le pousse à bout,
> Et qui *dos et ventre*, et partout
> Le batte, et toute sa cohorte.

> Virgile travesti, ch. IV, dans les imprécations de Didon contre Enée.

> Après ce premier pas sauté,
> Chacun tirit de son côté.
> De l'étang on lâchit la bonde ;
> L'on ne voyit plus dans le monde
> D'honneurs rendus qu'à nos démons :
> Dans leux livres, dans leux sarmons,
> Et *dos et ventre* ils s'en donnirent,
> Et biantôt contagionirent
> Peuples, princes, prêtres, prélats.

> Harangue des Habitants de Sarcelles au Roi, dans Pièces et Anecdotes, etc. Ire partie, p. 440. 1733.

C'est là le sens exact de cette locution, et Scar-ron ne lui a donné une entorse que parce que son vers et son idée s'en accommodaient.

DOUTISSER. Diminutif de douter.

« On va donc encore ly f...re quequ' croqu' en jambe sans qui s'en *doutisse*. »

> Journal de la Rapée, Nº IV, p. 3. 1790.

D'OU VIENT PAS. Pourquoi pas ?

Mme SAUMON.

« Est-ce qu'une fille comme y faut s'promet en
mariage à un soldat des p'tits corps comme la
lamée ? »

MARIE–JEANNE.

D'où vient pas ?

VADÉ. Les Raccoleurs, Sc. xiii.

E.

ECREVISSE CUITE. Cardinal.

« Cette *écrevisse cuite* de cardinal de la Rochefou-
cauld.

Cahier des plaintes et doléances des Dames de
la Halle et des Marchés de Paris, etc. 1789.

« Les écrevisses, dit Rabelais, se *cardinalisent* à la
cuite. »

ECRITOIRE. Ecriture.

« Laisse finir l'écriture... — Commère Cotteret,
u'allons nous devenir avec st' *écritoire. ?* »

Les Ecosseuses, p. 123. 1739.

EFFLORER. Au propre, effleurer, ôter les fleurs,
n langage de jardinier; au figuré, porter atteinte
à l'honneur, à la réputation, comme dans le passage qui suit :

« C'était être bien damné que d'*éflorer* comme ça,
n bonne compagnie, la fleur des filles qu'on alloit
pouser. »

Les Ecosseuses. p. 24. 1739.

EGALISER. Se comparer à, être égal à.

« Je veux garder tous mes yeux pour te répéter

tous les jours de la journée que rien ne peut z'*égaliser* la passion de l'amour que j'ai pour toi. »

> Ah ! que voilà qui est beau ! parade (par Sallé).
> Sc. III, dans le Théâtre des Boulevards, t. I, p. 280.
> 1756.

ELÉPHANT (Trancher de l'). Se donner des airs de grand personnage.

> Il estoit encor jeune enfant
> Qu'il *tranchoit de son éléfant*.

> Paraphrase sur le bref de sa sainteté envoyé à
> la Reyne régente, p. 4. Paris, 1649.

EMBARGO. Embrouillamini, obscurité.

« Mais queul *embargo* donc ! Je m'y perds. »

> Les Cent écus, com. par Guillemain, Sc. XVIII.
> 1783.

Aujourd'hui, ce même mot a le sens d'embarras, ou difficulté de ne savoir que faire.

> Mais sapristi, jugez d'mon *embargo*,
> Depuis ce temps elle est toujours pompette.
> Et chez l' mintzingue (1) ell' croque le magot.

> Almanach chantant pour 1869, p. 49. Paris,
> chez Noblet, in-18.

EMBLÊME. Courte harangue ou allocution ayant pour objet de conseiller, de protester, de faire des remontrances.

« Dam, tan que la ni fu longue, je ne cloi pas l'ieu ; je ne fesas que ruminé à par mouay la belle *emblesme* que je devas faize au Rouay... Mai pourtan, afin de n'être pas pris sans var, je m'avisi d'arté nout cha-

---

(1) Marchand de vin.

rette ; je dévali avec nout fieux Jaquet, et ly di :
Jaquet, pran que tu sas le Rouai, je m'en va te faire
m'n' *emblesme* » (1)

> Cinquiesme partie et Conclusion de l'Agréable
> conférence de deux païsans de S. Ouen et de Mont-
> morency, p. 6 et 7. Paris, 1649.

« V'là ceux qui sont de ses amis, qui sont bian
venus à manger de sa soupe et à jouer au petit palet
aveuc li. Si j'alliemmes li faire un *emblême* sus tout
ça, et sus bian d'autres fredennes que je savons de li,
et que le cousin Barnard nous a mandées, comme
guiantre il bougonneroit apras nous ! »

> Première Harangue des habitants de Sarcelles
> à Monseigneur l'archevêque de Sens, dans l'Epître
> dédicatoire aux évêques. Mai 1740. Dans Pièces
> et Anecdotes, etc. Ire partie, p. 283.

Ce mot n'a pas péri dans le langage populaire
parisien ; mais sa signification s'est modifiée. On
entend par là un conte, un faux prétexte, une
mauvaise raison.

« Théodore me répond : J'suis malade. — Des
emblêmes ! »

> Almanach de la langue verte pour 1868, à
> l'usage des bons zigues, p. 48. Paris, à la librai-
> rie du Petit Journal.

EMPATROUILLER. Charger, investir ; peut-être :
embarrasser, empêtrer.

---

(1) Dame, tant que la nuit fut longue, je ne fermai pas
l'œil ; je ne fesais que ruminer à part moi la belle emblême
que je devais faire au roi... Mais pourtant, afin de n'être
pas pris sans vert, je m'avisai d'arrêter notre charrette ;
je descendis avec notre fils Jaquet, et lui dis : Jaquet, sup-
pose que tues le roi, je m'en vas de faire mon *emblême*.

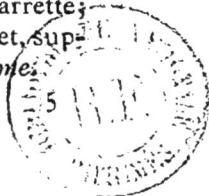

« Puisque notre Bailly (1) t'a *empatrouillé* de sa confiance, il faut que tu sois un honnête homme. »

Journal de la Rapée ou Ça ira, N° 11, p. 4. 1790.

EMPLAN. Coup de poing.

« J'vous ly détachai deux *emplans* sus les visiéres.»

Madame Engueule, par Boudin, Sc. VIII. 1754.

« D'un côté des *emplans* de donnés, de l'autre des orions d'vendus. »

Amusemens à la Grecque, p 43. 1764.

L'archi-gueux, colère et tremblant
M'a fiché sitôt un *amplant*.

Les Porcherons, ch. V, p. 175. 1773.

Emplan est une corruption d'empan, mesure de l'étendue de deux bras.

EMPORTE-PIÈCE. Sabre.

« Gage pinte que note Jean Claude en a itou pincé queuques uns des Anglois. C'est qu' c'est un diabe. N'y a pas à dire avec ly ; jarny million, y vous a putot tiré son *emporte-pièce* qu'on n'a r'gardé par où. »

Dialogue de deux poissardes sur la prise du fort Saint-Philippe, p. 2. Paris, 1756.

ENCHAVELER. Enchevêtrer ; au figuré, embrouiller.

« Ce diébe de mot t'*enchavéle* la caboche. »

Conférence de Janot et Piarot Doucet de Villenoce et de Jaco Paquet de Pantin, sur les merveilles qu'il a veu dans l'entrée de la Reyne, ensemble comme Janot lui raconte ce qu'il a veu au Te Deum et au feu d'artifice, p. 5. 1660.

_____

(1) Le maire de Paris.

C'est le même qu'*enchevaller* qui est dans Cotgrave, et qui se disait d'un cheval dont les pieds
étaient liés, embarrassés dans des entraves, *laped*,
de manière à lui ôter tout mouvement. Ici l'*e* a
changé de place avec l'*a*, et réciproquement.
Remarquez de plus que, par une sorte d'hypal-
lage, le sens du mot est aussi transposé, et que ce
mot devient, après cette transposition, une métaphore. C'est la tête qui est censée souffrir des
entraves destinées aux pieds.

M. Littré ne donne pas ce verbe, mais il donne
le mot *enchevalement*, qui en dérive, et par lequel
on désigne l'étayement en sous-œuvre (ou par le
pied) d'une maison, pour y faire des reprises.

Voyez, au mot *Ordre de maître Jean Guillaume*,
un autre exemple de ce terme qui est écrit *enche-
veller* et qui est dit de l'action produite par la
corde de la potence autour du cou d'un pendu.

ENCOLURE. Enclouure.

« J'fîmes comme les médecins de village, je nous
en refûmes à pied... pour savoir où qu'étoit l'*encolure* de tout ça et qui pouvoit avoir ainsi dépité sa
fiancée. »

Les Ecosseuses, p. 19. 1739.

ENDEVERS. Envers, contre.

« Il a de la rancune *endevers* nous. »

Madame Engueule, Sc. VIII. 1754.

ENDOSSE. Au propre, toute la peine, toute la
charge, toute la responsabilité de quelque chose ;
au figuré et en style des halles, le dos.

Qui, toy ? Quoy donc, tu me battras ?
Si je sors d'icy, tu verras

Comment je cogneray ta bosse :
Je te bailleray sur l'*endosse*.

> Paris burlesque, par Berthod, au titre *Compliment des harangères*. 1665.

Ce mot se dit encore aujourd'hui, soit qu'on charge le dos de quelqu'un à coups de poing, soit qu'on fasse pleuvoir sur lui des coups de bâton.

ENVERS (A L'). A l'égard de, envers, pour, à.

« Ça fait de si braves gens qu'on ne peut s'empêcher de s'intéresser *à l'envers* de leur endroit. »

> L'Impromptu des Harengères, opéra-com. divertissant, à l'occasion de la naissance de Mgr le duc de Berry, Sc. I. 1754.

« Faut que j'aye le cœur bien sensible *à l'envers* de vote fille ? »

> Le Faux talisman, com. par Guillemain, Sc. VII. 1782.

Comme on disait, et dans le même sens, *à l'endroit de* pour *endroit de*, lequel se disait primitivement *endroit*, *endreit* ou *endret* avec le régime direct, le peuple a dit, par analogie, *à l'envers de* pour *envers*. Du XI° au XIII° siècle, la préposition *endroit* est suivie du régime direct ; du XIII° au XIV°, elle se présente avec le régime indirect ; au XVI°, elle se transforme en la locution prépositionnelle *à l'endroit de*, et la conserve jusqu'ici. Les Picards seuls se servent de la préposition *envers* dans le sens *d'endroit*, et disent à *m'n'endreit*, pour à mon égard.

ENVIRON. A peu près, un peu plus, un peu moins.

Cette signification est toute naturelle, puisque, par exemple, dix ans environ, environ neuf heures, mille francs environ, n'expriment qu'une quantité approximative, ou plus ou moins.

Mais où *environ* signifie autre chose, c'est quand il est suivi d'un adjectif ayant une valeur non pas numérative, mais purement morale. C'est ainsi en effet qu'il est employé très-souvent dans le langage du peuple de Paris, et en particulier dans l'exemple suivant :

> Les uns faisont qu'un mariage
> N'est qu'un vilain concubainage...
> Mais, par la vartu d'un oignon !
> Ils sont mariés *environ*
> Comme l'est l'évêque de Chartres
> Aveuc l'abbesse de Montmartres.
>
> Deuxième Harangue des habitants de Sarcelles
> à Mgr l'archevêque de Sens ; mai 1740; dans
> Pièces et Anecdotes, etc., Ire partie, p. 354.

C'est-à-dire : ils ne sont pas mariés du tout.

ENVOLER, v. act. Emporter, enlever.

> Par charité, donnez-li l'bras ;
> Le vent va l'*envoler*, car il ne pèse pas
> La moitié de sa fine lame.
>
> VADÉ. Bouquets poissards, IVe Bouquet.

« Prends garde, il va *envoler* ta perruque. »

> Amusemens à la Grecque, p. 25. 1764.

EPÉTIER. Soldat ou porte-épée.

> C'est ce qu'à la fin de la danse
> Fait éprouver certaine engeance
> De crocs, raccoleurs, *épétiers*.
>
> Les Porcherons, ch, IV, p. 157. 1773.

EPINGLE. La plus petite chose, rien.

« Une fille d'la vertu a d'la pensée dans l'cœur,

dont alle peut se vanter que sa conscience n'a pas
une *épingle* à redire. »

VADÉ. Lettre de la Grenouillère, VIIe Lettre.

ESCAILLEUX DE NOIX. Qui est lent à faire une
chose, à prendre un parti, à venir à l'appel.

> Où estez-vous, tous mes folz affolez,
> Sortez trestous et me venez veoix.
> Et qu'esse-cy? N'oyez-vous point ma voix ?
> Depeschez-vous ; bientost cy avollez...
> Et Dieu, quelz *escailleux de noix* !
> Que venez cy de tous cottez,
> Ou, par la foy que je vous doys,
> D'une grosse pelle de boys
> Vos trouz de c. seront sellez.

> Farce nouvelle très-bonne de Folle Bobance à
> quatre personnaiges ; dans l'Ancien Théâtre
> français, t. II, p. 265. Ed. Janet.

Ainsi parle Folle Bobance ou Bombance, en
s'adressant à trois fous de ses suppôts, un gentilhomme, un marchand et un laboureur. Comme
au lieu d'accourir aussitôt à sa voix, ils hésitent
un moment et s'amusent même à épiloguer ses
paroles, elle les traite d'*écailleux de noix*, terme
qui est encore usité à Paris, c'est-à-dire de gens
qui perdent leur temps, ou qui ne savent pas
l'employer comme il faut. C'est donc à tort que
dans le Glossaire formant le dernier volume de
l'*Ancien Théâtre français*, édition Janet, cette
locution est traduite par fanfaron. On ne voit pas,
en effet, par quel côté un écailleur de noix pourrait
être tel.

L'écaillage des noix, surtout s'il s'agit de ces
grosses noix lombardes qui, dans Rabelais, sont
appelées noix grollières, est une opération lente

et qui, vu les nombreux coups de couteau qu'elle requiert pour être menée à bonne fin, demande plus de temps qu'on ne le croirait d'abord. Elle est de plus ridicule si, entrant dans les sentiments qui font parler Folle Bobance, on se représente les trois personnages qu'elle interpelle comme étant peu propres à faire quelque chose de plus relevé. Tout concourt donc ici pour justifier mon interprétation, et démontrer l'erreur du Glossaire.

ESCOPETTE D'HYPOCRATE. Seringue.

« Un apotichaire... se vantoit estre descendu... de ceux qui, aux premiers siècles, ont mis en usage l'*escopette d'Hypocrate.* »

> L'Apotichaire empoisonné, dans Les Maistres d'hostel aux Halles, p. 219. 1671, in-12.

ESPONCE. Voyez FAIRE ESPONCE.

ESTOUROUILLER (S'). Se goberger, se pavaner.

> Si je suis à la promenade
> A m'*estourouiller* au soleil,
> Soudain mon cœur bat la chamade,
> Et fait un tic-tac sans pareil.
>
> Complainte de Jeannot à sa chère z'amante mamzelle Javote ; dans Riche-en-gueule, p. 198. 1821.

C'est le mot se *rouiller*, ancienne forme de se *rouler*, avec le préfixe *estor* ou *estour*, venant sans doute du latin *instaurare*, en impliquant une idée de réparation ou de réfection corporelle.

EUSTACHE. Petit couteau grossier , dit aussi *jambette.*

L'eustache est un petit couteau à lame mobile, mais sans ressort, aussi peu propre à l'attaque qu'à la défense, mais qui coupe, sans que le fil en soit le moins du monde émoussé, le fromage, le beurre et même la mie de pain. Ceux qui sont d'une qualité supérieure peuvent encore servir à peler une pomme; mais alors, vaincus par l'acide, ils ne peuvent pénétrer au-delà de la pelure, et ils laissent à nos dents l'honneur d'entamer le fruit.

De temps immémorial on en fabrique à Saint-Claude (d'où leur appellation de *couteaux de Saint-Claude*), à Thiers, et dans quelques villages voisins de Condé-sur-Noireau, particulièrement à Saint-Germain-du-Crioult. Condé lui-même était autrefois réputé pour sa coutellerie; d'où le dicton normand : « Il est comme les couteaux de Condé, bon (d'autres disent usé) jusqu'au dos. » On prisait fort ses *eustaches* à deux sous. Mais cette industrie a fait place à d'autres plus importantes, et s'est réfugiée, comme je l'ai dit, dans les communes, à deux ou trois lieues à la ronde. A Thiers, on emploie les vieilles faux à ce genre de fabrication ; mais ces enfants dégénérés du plus tranchant des outils, ne se ressentent pas du tout de leur fière origine. Le manche en est communément en buis de forme ronde, avec des enjolivures vertes, jaunes ou rouges, qui serpentent à l'entour ; quelquefois il est en bois noirci. Bref, c'est en tout la modestie et la simplicité mêmes. Il était sans doute de cette espèce, le couteau de Janot, qui, au bout de vingt ans d'usage, était encore le même qu'au premier jour. Il est vrai que Janot en avait changé autant de fois le manche et la lame alternativement ; mais c'est un détail, et il n'y faut pas faire attention.

N'omettons pas Saint-Étienne où l'on fabriquait de ces couteaux, au siècle dernier, et d'où l'on en expédiait des quantités dans nos colonies, à l'usage des nègres.

Nous connaissons l'origine du couteau ; il reste à chercher l'origine de son nom. J'ai lu quelque part que ce nom lui vient de l'inventeur. Je ne connais personne de ce nom, si ce n'est l'anatomiste qui a donné le sien à cette membrane de l'oreille appelée la *trompe d'Eustache* ; mais il est peu probable qu'il soit l'inventeur en question. Aurait-on entendu désigner saint Eustache ? mais les Bollandistes ne disent rien de cette circonstance.

Ceux qui ont vu des *eustaches*, et ceux qui en ont fait usage, ont dû remarquer la parfaite ressemblance qui existe entre le manche de ce petit instrument et un poteau. J'entends par poteau un pieu ou étançon surmonté quelquefois d'un fer de lance, et qui servait à soutenir les toiles des tentes ou pavillons où les chefs d'armée s'abritaient dans les campements. On appelait ce pieu *estache*, et il y en avait plus ou moins selon la grandeur de l'abri :

« Je alai au roy, dit Joinville dans la vie de Saint Louis, la ou il se seoit en un paveillon, apuié à l'*estache* du paveillon. »

Ces pieux étaient ornés de bandes d'étoffe ou simplement peints à cru, de couleurs variées et alternées, s'enroulant autour d'eux de la même manière que les enjolivures du manche de

l'*eustache*, dont je parlais tout à l'heure. On voit
encore des pieux de ce genre en maints pays, où
les poteaux servant à marquer les limites des ter-
ritoires ou des états, sont ainsi bariolés, soit pour
frapper davantage les regards, soit pour arborer
les couleurs de l'état ou de la localité auxquels ils
appartiennent, soit pour tout autre motif. Ces
poteaux ou *estaches* ne seraient-ils pas les parrains
de nos petits couteaux (1).

---

(1) Il ne m'en coûte nullement de reconnaître que je puis
me tromper dans mes conjectures. On vient en effet de me
faire lire dans le *Manuel du Coutelier* (p. 306), de la col-
lection Roret, ce qui suit :

« Ces couteaux (les jambettes) sont connus dans une certaine partie de la France, sous le nom d'*Eustache Dubois* ;
c'est le nom d'un coutelier de Saint-Étienne qui avait ac-
quis une grande célébrité dans cette fabrication. Pendant
de longues années ses descendants ont joui de la même
réputation, et ont continué à porter son nom. »

Mon premier soin, après avoir lu ce texte, a été de prendre
des informations auprès de quelques personnes originaires
de Saint-Étienne, et qui se sont occupées à différents
titres de l'histoire de cette ville. Toutes m'ont affirmé le
fait, mais sans m'en alléguer d'autres preuves que la tradition. De la personne d'Eustache Dubois et du temps où
il a vécu, on n'a su rien me dire. On m'a toutefois indiqué
comme étant peut-être en possession de renseignements
précis à cet égard un honorable habitant de Saint-Étienne,
M. Jalabert ; mais son âge et sa santé, ajoutait-on, ne laissent aucun espoir qu'on puisse s'adresser à lui en ce moment avec quelque succès. Cette importante question reste
donc encore dans le doute. Je souhaite que la solution en
soit prompte, et qu'en autres avantages qu'on en retire,
elle fasse, s'il se peut, baisser le prix du pain. Jusque-là,
je maintiens ma conjecture, sans en être pour cela plus
entêté.

EVÊQUE EN CHEVILLE. Evêque qui laisse faire le plus dur de la besogne à ses inférieurs hiérarchiques, dans le gouvernement de son diocèse.

> Guieu grâce et la Viarge Marie,
> Vous vlà pour toute votre vie
> Assez honnêtement pourvu (1)...
> Annui vous pourriais à votre aise
> Apprendre comme un Guiocèse
> Deit, selon Guieu, se gouvarner.
> Mais vaut bian mieux vous calaîner (2),
> Laisser faire un certain bélître (3),
> Qu'a quitté son froc pour la mître,
> Et la mître, pour parvenir
> Core plus haut à l'avenir...
> Non da, vous n'êtes sous ce drille
> Que des *évêques en cheville*.
> Tirez trop à guiard ou buriau ?
> Vite an vous sarre le cordiau ;
> Vite an vous happe par la bride,
> L'an vous ratorne, et l'an vous guide
> Au guiable au vard.

> > Harangue des Habitants de Sarcelles à Mgr l'archevêque de Paris, 5 avril 1748 ; dans Pièces et Anecdotes, II* partie, p. 12.

On appelle *cheval en cheville*, celui qu'on attèle devant le limonier, et qui en effet est le plus tiraillé, le plus harcelé, le plus fatigué par le con-

---

(1) On s'adresse ici à M. de Beaumont, un des plus respectables archevêques de Paris.

(2) Goberger.

(3) Le Père Boyer, ancien évêque de Mirepoix, et alors inspecteur-général des archevêchés, évêchés, paroisses abbayes, cures, chapitres, etc., etc.

ducteur de la charrette. Ainsi, Jouin, l'auteur de cette harangue, comparait avec son irrévérence habituelle, les évêques à ce cheval, parce que le père Boyer se substituait à eux en quelque sorte dans l'administration de leurs diocèses, disposait à son gré des charges ecclésiastiques et des bénéfices qui étaient à leur nomination ou à leur choix, et néanmoins les laissait responsables de tout le mal qui pouvait résulter de cette violente intrusion.

F

Façon (Emporter). Interrompre quelqu'un dans un discours, dans un acte quelconque; l'empêcher de le continuer et de le finir.

Je ne suis pas très-sûr de donner ici le sens exact de cette singulière locution; il est donc indispensable d'en appeler au jugement du lecteur lui-même, et pour cela d'allonger et d'élucider la citation.

Dame Barbe et dame Denise, deux marchandes de marée de la place Maubert, pendant le blocus de Paris, s'entretiennent, les pieds sur leurs chaudronnets, des affaires du temps. Pendant qu'elles jouent de la langue, leurs maris montent la garde dans le quartier. Au moment où dame Denise en fait la remarque à sa commère, et que, lui parlant de son mari, elle dit en style assez gaillard,

> Qu'il le resjouit quelquefois...
> Qu'enfin c'est la pièce de beu,
> Mais qu'un autre lui jou' plus beau jeu,

le mari apparaît tout à coup dans le lointain, et hèle sa femme qui s'écrie :

Vray Guieu, le voilà qui m'appelle !
Ma foy, j'ai peur qui ne me crelle.
J'ay demeuré par trop longtant,
Je m'en va tout incontinant.
Il me fait saigne de la teste.

Mais au lieu de partir comme elle le dit, elle se
laisse arrêter par une interpellation que lui
adresse sa commère, au sujet d'un mot anglais
dont la prononciation l'a choquée. Dame Denise
donne l'explication de ce mot, et profite de la
circonstance pour entamer l'histoire du jugement
et de l'exécution du roi d'Angleterre, Charles Ier.
Ce récit achevé, elle ajoute :

Eh bien, qu'an dis-tu, ma commère ?

Dame BARBE.

Ma foy, la chose est bian amère.
Quand je prends mon cœur par autruy,
Une femme à bien de l'annuy.
Je vous laisse à pancer la peine
Que souffre cette pauvre royne (1) ;
Je m'en sens le cœur tout contry.
N'apercoy-je pas ton mary ?

Dame DENISE.

Ouy, ma foy ; faut que je m'en aille.
C'est assez parlé de bataille ;
Le diantre soit le batayon !
J'ai peur que dessus mon taignon
L'on ne fasse quelque défaitte.
Nous dirons dans huict jours le reste,

---

(1) La reine veuve de Charles Ier.

Mon mary m'*emporte façon.*
Adieu don, commère, adieu don.

> La Gazette de la Place Maubert, ou Suitte de la
> Gazette des Halles touchant les affaires du temps,
> p. 10-12. 1649.

D'où il suit que l'interruption de ce dialogue et sa remise à huitaine sont motivées par le retour subit du mari, lequel en *emporte* le fond et la *façon.*

FAIRE ESPONCE. Faire abandon, quitter.

Cette locution est communément suivie d'un régime. Cependant, dans l'exemple qui suit, elle est dite absolument pour partir, s'esquiver, déguerpir.

> Mais tout soubdain le galland *fist esponce,*
> Et s'en alla, sans faire long adieu,
> Avecque argent qu'heust par son plaisant jeu.

> La Légende de Maistre Pierre Faifeu, chap.
> XVIII. 1582.

Je ne relève cette expression que pour signaler l'erreur dans laquelle, si je ne me trompe moi-même, est tombé dom Carpentier à son sujet. Les Bénédictins, dans leurs additions au Glossaire de Du Cange (1), donnent le mot *Expondere,* et ajoutent *pro spondere,* c'est-à-dire, *pour promettre.* A la suite de ce mot, dont Carpentier donne *Faire exponse,* et ajoute *eodem sensu.* Il cite à l'appui cet exemple tiré d'un censier de la terre d'Estilly de l'an 1430 environ :

---

(1) V° *Expondere* de l'édition Didot.

« Aucun des farescheurs de ladite faresche ne pourront *faire esponse* des choses obligées à la faresche, s'ilz ne *font esponse* toute la faresche. »

D'après dom Carpentier, les farescheurs ne pourront s'engager pour une partie, s'ils ne s'engagent aussi pour le tout, tandis qu'on veut dire au contraire qu'ils ne pourront se dégager de cette même partie ou l'abandonner, s'ils ne font de même à l'égard de la totalité.

Esponse ne viendrait pas alors de *sponsio*, mais d'*expositio* pris au sens de *deposítio*, comme *exponere* était dit lui-même pour *deponere*. Ainsi Nonnius Marcellus dit, liv. IV, *exponere*, *deponere*. Dans Arnobe il y a : *nomen virginitatis exponere*, et dans les Fragments de Saint-Hilaire : *Exponere episcopos*. Voyez Du Cange, éd. Didot, au mot *Exponere*.

Familier comme l'épée de Cizron.

Il n'y a pas de honte à avouer que j'ai eu quelque peine à deviner cet étrange amphigouri ; il n'y a pas non plus de quoi s'en vanter. Mais l'ayant vu revenir dans quelques livrets populaires du dernier siècle, j'ai dû croire que, sous ce jargon, il y avait une signification quelconque, et la voici: *Familier comme les Epitres de Cicéron,* c'est-à-dire celles qui sont dites *Familières.*

« Finissez donc, monsieur Tuyau, vous êtes *familier comme l'épée de Cizron.* »

> L'Amant de retour, par Guillemin, sc. II; 1782.

La comparaison n'est sans doute pas plus juste, pour être rendue dans les termes qui lui appar-

tiennent; on y voit pourtant que le peuple seul
ne créait pas les locutions populaires, et que les
lettrés lui prêtaient parfois leur collaboration.

FESSE TONDUE (Avoir la). Savoir plus d'un tour,
avoir l'adresse, l'habileté et la souplesse de conscience d'un roué. Se dit principalement d'un galant, d'un séducteur.

« Le grand Cornichon en savoit plus d'une nichée.
C'étoit un dru qu'avoit la *fesse tondue*, beau diseur,
ayant la parole en bouche ; il ne donna point de re-
lâche à sa mie qu'il ne lui eût replâtré son méfait. »

Les Ecosseuses, p. 26. 1739.

« C'est un galant ; il a la *fesse tondue*. »

La Comédie des Proverbes. Act. III, sc. VII.
1633.

La grosse fesse ! exclamation, pour dire la
grosse bête !

Le diable soit la *grosse fesse* !

Suitte de la Gazette de la Place Maubert, par
l'autheur de la Gazette des Halles, p. 8. 1649.

FIGURE D'ACCIDENT. Figure triste, effarée et rendue telle comme à la nouvelle de quelque fâcheux
accident.

« Mais pour vous, monsieur le débaucheux, avec
votre *figure d'accident*, et votre tête à croquignolles,
etc. »

Les Sept en font deux, coméd. par Guillemain,
sc. VII. 1786.

FIGURE A TABOURET. Figure d'exposé ou de qui
doit être exposé au carcan.

« Va donc, *figure à tabouret*, j't'irons voir en face

le Palais; c'est là qu' t'auras l'air d'un butor, men-
sieur l'négociant z'en chiens morts. »

Riche-en-gueule, p. 68. 1821.

FILASSE (Désespoir de). Corde de potence.

Vous verrez ça. Te souviens-tu, Manon,
D'avoir vu danser dans c'te place,
C'te gueuse à qui Charlot (1) avoit mis sous l' menton
Un grand *désespoir de filasse?*

Vadé, Bouquets poissards, III· Bouquet. 1755.

FILASSE (Indigestion de). Mort de pendu.

Mon père à moi c'était Paillasse,
Le même un jour qui trépassa
D'une *indigestion d'filasse.*

Le Rigolo. Almanach chantant pour 1868,
p. 6. Paris, Al. Duchesne.

FILASSE (Etouffé dans la). Pendu.

« Ton père a été *étouffé dans la filasse*; il est mort
en l'air avec un bonnet de nuit de cheval au cou (2).»

Le Déjeuné de la Rapée, p. 22. 1755.

FLEURER. Flairer.

« De vot' temps on n'a fait qu' *fleurer* la chose ;
mais moi j'ai tout sentu. »

Rousselliana, ou recueil de tous les bons mots,
vers, calembourgs, etc., de Cadet Roussel, p. 37.
Paris, s. d.

FLEURET. Clerc de procureur.

« Combien ne voyons-nous pas de petits *fleurets,*

---

(1) Le bourreau.
(2) Voyez ci-devant BONNET DE NUIT DE CHEVAL.

de clériots qui allions nud pied acheter une boutique
de procureux à crédit ou à pouf ? »

Cahier des plaintes et doléances des dames de
la Halle..., par M. Josse, p. 43. 1789.

Fonds (Tenir sur les). Examiner, discuter une
affaire et la personne qu'elle concerne. Cette locution était familière au palais, et je ne saurais dire
si elle a pour inventeur les juges, les avocats ou
les justiciables. En tous cas, elle est très-ancien-
nement populaire à Paris.

« On *tient sur les fonds* notre confrère Marinberg ;
huit des quarante examinateurs examinent son procédé que l'on tient avoir été très-mauvais. »

Journal et Mémoires de Mathieu Marais, t. IV,
p. 196. 1868.

« On a *tenu* hier et avant-hier (au Parlement) l'é-
vêque de Langres *sur les fonds*, le résultat nous four-
nira de la besogne pour la semaine prochaine. »

Correspondance inédite du comte de Caylus
avec le P. Paciaudi. LettreLXXXIV, 4 mars 1764.

Foire d'empoigne (Etre de la). Etre porté aux
attouchements grossiers à l'égard des femmes.

> Pous nous je n' somm' jamais en grogne
> Contre un chaland d' la *foir' d'empogne* ;
> A cause que par c' qu'on a de bien
> Faut-il qu'aux autr' on n' prête rien ?

Les Porcherons, chant vii, p. 197, dans les
Amusements rapsodi-poétiques. 1773.

Foutiner. S'amuser à des bagatelles, perdre son
temps en des choses de néant.

Telle est la signification moderne de ce parisianisme emprunté au patois normand, lequel dit

aussi *fouatiner*. C'est un verbe neutre. Au xvie siècle, il était actif, et il paraît avoir signifié battre, rosser. Ainsi :

> Le margout (1), quand je suis retourné,
> Estoit muché en quelque lieu.
> Ne le sçavois-je, vertu Dieu !
> Je vous eusse bien *foutiné*,
> Par Dieu, et fust-ce un domine (2).

> Farce nouvelle de Frère Guillebert, à quatre personnages ; dans l'Ancien Théâtre françois, t. I, p. 323.

FOUTINETTE. Fille de mauvaise vie.

« Mais i n'convient pas à des *foutinettes* comme ça de v'nir insulter une honnête femme comme moi.»

> Grande Colère de la Mère Duchesne et IIe Dialogue, p. 5. S. l. n. d. (1792.)

Ce mot est naturellement engendré de l'autre, les occupations frivoles étant une variété de l'oisiveté, et l'oisiveté mère de tous les vices.

FOUTRIQUET. Personnage remuant, intrigant et de taille disproportionnée à l'audace de ses entreprises.

« Un *foutriquet* comme ça n'est pas fait pour faire un grand Pénitencier. »

> Grand Jugement de la Mère Duchesne et Nouveau Dialogue, p. 14. S. D. (1792).

Cette appellation était tombée en désuétude, lorsqu'elle fut remise en honneur et reçut une

---

(1) Ribaut.
(2) Un moine, un ecclésiastique.

vogue extraordinaire, sous le ministère du 11 octobre 1832, où Casimir Périer était président du conseil, et le maréchal Soult ministre de la guerre.

On lit dans le *Charivari* du 25 août 1842 ce couplet irrévérencieux à l'adresse, si je me trompe, d'un illustre personnage politique, et qui semble une prédiction.

> Au nom de la patrie,
> Le petit Foutriquet
>   Sera fait
> Duc et ministre à vie,
> Avec dotation
>   D'un million.
> — Tra de ri de ra,
> Qui vivra verra ;
> En attendant cela.
> Sous le Pont-Neuf (bis) bien de l'eau coulera.

Fuitif. Fugitif ou fuyard.

Ce parisianisme très-commun parmi les enfants indisciplinés et vagabonds, et dont je n'ai pas d'exemple moderne sous la main, a appartenu jadis au langage de la tragédie.

> Il faut que mon courroux
> Retenant et *fuitif* désor se désaigrisse.

> Didon, tragédie, par Jodelle. Act. II, au com‑
> mencement. Vers 1552.

G

Galaminer (Se). Se dorlotter, se goberger, faire le fainéant.

> Quand au lit je me *galamine*,
> Le sommeil s'éloigne de moi,

> Et toujours sa peste de mine (1)
> Met tous mes sens en désarroi.

> Riche-en-gueule, complainte de Jannot et de
> sa chère z'amante, p. 198. 1821.

Le radical de ce mot est certainement le vieux français *gale*, joie, réjouissance, divertissement, etc. On trouve *gallart* rendu par fainéant dans la *Chrestomathie* de l'ancien français, de Bartsch, au Glossaire. De là peut-être se *galarminer*, puis *galaminer*. Je ne puis rendre raison du suffixe *miner*.

GAMBILLEUR. Au propre, danseur. *Gambilleur de tourtouse*, en argot, danseur de corde. Au figuré, le bourreau, parce qu'il agitait ses jambes, lorsqu'il s'asseyait ou s'agenouillait sur les épaules du pendu (2).

> L'même *gambilleux* qui t'a manqué
> Sus l'épaul' gauch' t'a ben marqué.

> Riche-en-gueule, p. 18. 1821.

C'est le nom du pendu transporté au pendeur; car *gambiller* se disait proprement de l'agitation des jambes de celui-là, dans le moment où la corde lui serrait la gorge.

> De Bachamont la jeune enfance

---

(1) La mine de son amante.
(2)   Mon pauvre maistre Jean Guillaume,
> Pèse plus fort, contente nous,
> Fais si bien avec les genoux,
> Que les carabins de S. Cosme
> Escorchent viste au gré de tous
> L'escorcheur de ce grand royaume.
Le Ministre d'Estat flambé, p. 16. Paris. 1640.

Le doit sauver de cette loy
De *gambiller* sous la potence.

Les Merveilles de la Fronde du grand Hercu·
les de Paris, p. 5. 1649.

On dit aussi *gambille* pour jambe.

« Je ne sais si c'est votre *gambille* qui l'arrête (1),
mais elle ne veut point de vous pour gendre. »

La Mère rivale, parade, sc. 1; dans le Théâtre
des Boulevards. T. III, p. 143. 1773.

GANSE ou GANCE. En argot : clique, selon M.
Francisque Michel.

Des cinq exemples que je vais citer et où ce
mot est employé, il n'y en a pas un seul où il ait
la signification qu'il a en argot. Il faut donc que
le peuple, en l'adoptant, lui ait donné un autre
sens.

Mais, dans ce même cas, ce n'est pas d'une
seule manière qu'il convient de l'entendre, mais
de plusieurs. Qu'on en juge.

1º « Ces lurons de la *ganse* vont nous régaler de coco. »

Amusements à la Grecque, p. 18. 1764.

Veux-tu bien te taire,
2º   Gueule de chien ; v'là l'commissaire.
— Ca ? tu gouayes ; c'est un abbé.
Pargué, le v'là ben tumbé,
S'il vient pour nous ficher la *gance*.

Vadé. La Pipe cassée, chant III.

3º   Auprès de tant de valeureux

---

(1) Il est boîteux.

Qu'estoient les sept braves ou preux
Qui devant Thèbes d'importance
Se fichèrent, dit-on, la *gance.*

> Les Porcherons, chant IV ; dans Amusemens
> rapsodi-poétiques, p. 158. 1773.

o « J'voudrions qu'on payît pu... une paire de sou‑
ers neufs qu'un r'montage. Dame, ça nous fiche la
ance, et j'sons escandalisés d'voir manger au même
atelier d'forts chevaux avec des rosses. »

> Le Paquet de mouchoirs, p. 27. 1750.

o   A la bonne heure pour la France,
A la bonne heure aussi pour nous,
Pourveu que messieux les filous
Ne nous lanternent pas la *gance.*

> La Chronique scandaleuse ou Paris ridicule,
> par Claude Le Petit, au chapitre intitulé : La
> Halle. 1655.

On peut ramener, je pense, à une seule et même
ignification le mot *gance,* dans les trois premiers
xemples.

Dans le troisième, *se ficher la gance* veut dire
videmment se battre, puisqu'on exprime par là
'espèce de duel où les deux fils d'Œdipe, se dis‑
utant la royauté, s'entre-tuèrent sous les murs
le Thèbes.

Dans le second, il s'agit de deux poissardes qui
ssistent à une vente aux enchères de vieilles har‑
les. Arrive un abbé. S'il vient là, dit l'une des
leux commères, pour nous disputer ces loques,
e voilà bien tombé ! Aussi, l'une et l'autre se
nettent-elles à le harpigner d'importance, parce
ju'il a mis une surenchère de dix-huit deniers
ur un jupon d'étamine noire.

Dans le premier, un *luron de la gance* m'a tou
l'air de signifier un homme résolu, un querel-
leur, toujours prêt à tenir tête au premier venu
et à le lui disputer en tout.

Quant au quatrième, que peut vouloir dire *ça
nous fiche la gance*, sinon, ça nous ennuie, ça
nous vexe, ça nous est insupportable? En ce
cas, il est synonyme de lanterner`, quand ce
mot signifie la même chose, comme dans cette
phrase : « Dieu fait tout pour le mieux. La plus
belle du monde (Mme de Montbazon) commençai
à me lanterner quand elle mourut.» (*Conversation
du maréchal d'Hocquincourt*, dans Saint-Evre-
mond).

Il est plus difficile de donner le sens exac
de *lanterner la gance*, dans le cinquième
exemple, quoique, vu les circonstances qui on
motivé cette locution, elle semble signifie
couper la bourse. Passe encore pour la bourse
indiquée par les cordons de gance qui la conte-
nait; mais quel rapport peut-il y avoir entre *lanterner* et couper ? J'ai beau chercher, je n'er
trouve aucun. *Lanterner* veut donc dire ici autre
chose. Ne viendrait-il pas de *lanterna, œil*, er
langue fourbesque ou argot italien, et l'auteur
n'indiquerait-il pas qu'il faut prendre garde, aux
halles, de laisser *voir* sa bourse, de peur que les
filoux n'en coupent les cordons et ne l'enlèvent
Si cette conjecture n'est pas vraie, elle est au
moins vraisemblable.

On verrait peut-être un peu plus clair dans ce
différentes acceptions, si l'on pouvait savoir l'étymologie du mot *gance*, mais j'avoue qu'il ne m'a

pas été possible de la trouver. Je crois seulement avoir démontré qu'en aucun des exemples allégués ci-dessus, gance ne veut dire clique, ainsi qu'en argot.

On objecte que *gance* pourrait bien être dit pour danse, *ficher, se ficher une danse* étant des expressions vulgaires qu'on entend journellement, et qui se rapportent exactement à la troisième signification indiquée ci-dessus. On donne pour exemple de cette substitution du *g* au *d* qui frappe désagréablement l'oreille jusque dans les salons, *mon Gueu* pour mon Dieu. Je réponds que ce n'est pas *Gueu* qu'on prononce, mais *Guieu,* comme on prononce aussi *guiable, guiantre, guiamant,* etc., toutes formes que j'avais données dans mon dictionnaire brûlé, suivies de nombreux exemples à l'appui. Ces formes sont en effet très-familières encore aux habitants de Paris. Le son *di* suivi des voyelles *a, o,* et des diphthongues *eu* et *au* qui les mouillent, y provoque invinciblement cette manière de prononcer.

GARMENTER (Se). Se donner le souci, prendre la peine, s'inquiéter de, et aussi, se plaindre de.

> Palsanguié, l'âme devian.
> Disont-ils, ce qu'alle pou a ;
> C'est dont ils se *garmen at* guère
>
> Troisième Harangue des Habitants de Sarcelles à Mgr l'Archevêque de Paris; mai 1732 ; dans Pièces et Anecdotes, 1re artie, p. 108.

Cette expression est du XIVe siècle, et lui a survécu dans toutes ses acceptions, jusqu'au commencement du XVIIIe. Voy. Du Cange, éd. Didot, au mot *Querimoniare.*

6

GASON. Coup.

> Mais sentant que peu circonspect
> On va lui perdre le respect...
> Qu'enfin à sa péroraison
> On riposte par un *gason,*
> Et que les femmes en furie
> En veulent à sa friperie...
> Il quitte adroitement la place.

> > Les Porcherons, chant. IV ; dans les Amuse-
> > mens rapsodi-poétiques, p. 170. 1773.

> Si j'ons fiché queuques *gasons,*
> J'en ont aussi reçu de bons.
> Chacun n'a qu'à licher sa plaie.

> > Ibid. Chant IV, p. 176.

GASSOUILLER. Voy. GOUSPILLER.

GERMANUS. *In manus.*

« Si quelques mille sacré bougres veniont pour nous cracher sus notre amorce et nous souffler sus notre mèche, foutons-ly son *germanus.* »

> Journal de la Rapée, n° IV, p. 2. 1790.

Le journaliste a voulu dire son *in manus,* premiers mots de la prière *In manus tuas, Domine, commendo spiritum meum,* que le prêtre invite le mourant à réciter, comme aussi l'assassin sa victime (1).

---

(1)   Il peut bien dire son *Salve*
           Et son *In manus* tout de suitte.
      Lettre d'un vray soldat françois au Cavalier Georges, et Suitte de la Lettre à M. le cardinal burlesque, p. 17, 1649.

GORGE. Nourriture.

> Un procureur de qui, pour *gorge*,
> N'avoit pas mesme du pain d'orge.

> L'Asne procureur ressuscité. p 4. 1649, in-4.

Pris du langage de la fauconnerie. « Gorge est le sachet supérieur de l'oiseau... par métonymie ce qui entre dans le gorge de l'oiseau, l'aliment qu'on lui donne. » LITTRÉ.

GOUGER. Faire de l'embarras, avoir de la peine à s'expliquer, tourner autour du pont.

« JANIN. T'a esté à sain Gearmain ?
PIAROT. Saymon.
JANIN. T'a parlé au rouay ?
PIAROT. Guian ! oui.
JANIN. Et y t'a baié à deiné ?
PIAROT. Ban antandu.
JANIN. Mal peste ! queme tu *gouge* ; n'an ne serret (1) tizé une bonne parole de touay. »

> Cinquiesme partie et conclusion de l'Agréable conférence de deux païsans de Saint-Ouen et de Montmorency, p. 4. 1649.

M. Littré qui donne *gouger* avec le sens propre de travailler à la gouge, a omis de rappeler cette signification figurée.

GOULPHARIN. Goinfre.

> Et ces gros piffres de Lorrains,
> Escogriffes et *goulpharins*.

> L'Adieu burlesque de la Guerre à la France, p. 6. 1649.

---

(1) Saurait tirer.

De la même famille sont *gouliafre* ; genevois, *galiaufre, gouliafe* ; lorrain, *goulafre* ; autant de dérivations capricieuses de *goule* ou *gueule*.

GOUSPILLER. Le même que *houspiller* ; tirailler, battre, agiter fortement, secouer violemment, comme dans l'exemple qui suit :

> On *gouspille* jusqu'en son ventre
> La musique qui s'y concentre.
>
> La Suitte de l'Orphée avec les Bachantes, en vers burlesques, p. 12..1649.

Ailleurs, ce mot a la signification de dissiper, piller, et dans ce sens, il est équivalent de *gaspiller*, mot plus moderne.

« Enfin, Sire, pour reveni à mon conte, y nous avan mandé pour vous dize que v' n'avé que faize de v'si attanre, quer vos soudars lez avan si ban étrillez qui gna pu que frize pour vous ; y z'avan *gouspillé,* gasouillé lé ban de Guieu, fai dé malebosses é dé bègnes à leur houtes, é fai pu de trente violles (1).

> Cinquiesme partie de l'Agréable conférence de deux païsans de Saint-Ouen et de Montmorency, p. 7. 1649.

Gassouiller est un augmentatif de *gasser*, lequel vient de l'italien *guazzare*, c'est-à-dire, selon le Vocabulaire italien-espagnol de Lorenzo Franciosini, *dibatter cose liquide dentro a un*

---

(1) Enfin, Sire, pour revenir à mon compte, ils nous ont mandé pour vous dire que vous n'avez que faire de vous y attendre, car vos soldats les ont si bien étrillés qu'il n'y a plus que frire pour vous. Ils ont gouspillé, gassouillé les biens de Dieu, fait des malebosses et des bignes à leurs hôtes, et fait plus de trente viols.

vaso. Guazzare est le *quassare* des Latins. Fran-ciosini ajoute : *o bagnare, come si fa alle caval-cature quando arrivano fangose, che si menano al fiume a lavarsi.* Quand une laveuse de lessive a bien enduit son linge de savon, et qu'elle l'a bien frotté et battu, elle le jette à l'eau, l'agite vivement à droite et à gauche, pour en faire sortir le savon ; c'est ce qu'on appelle, en patois bour-guignon et champenois, *gasser* le linge. Le suf-fixe *souiller* ne répond pas cependant à l'idée que représente le mot simple *gasser*, au contraire. C'est qu'en patois bourguignon, on exprime par *gassouiller* l'action de farfouiller avec la main ou avec un bâton, dans une eau fangeuse, dans un ruisseau qui charrie toutes les ordures de la ville, et qui pour cela est appelé *gassouillat.* Ce n'est pas seulement un augmentatif; c'est un péjo-ratif.

GOUSPIN. Homme de néant, mauvais drôle.

> Combien a-t'on vu de *gouspins*,
> De ban-croutiers, de haplopins...
> Faire les gens de haute taille.
>
> Les Maltôtiers ou les Pescheurs en eau trouble,
> p. 3. Paris, 1649.

Voyez sur l'étymologie de ce mot M. Littré et M. Francisque Michel. Mais ni l'un ni l'autre ne produisent d'exemples.

GOUSSET (Odeur de). Argent en poche.

« Ça fait d'bons lurons qui ont l'*odeur du gousset* chenument fort ; falloit les gruger d'la bonne fai-seuse. »

> Amusemens à la Grecque, p. 25. 1764.

L'odeur du gousset, au propre, est l'odeur d'aisselle. On disait : le gousset fin. Henri IV l'avait et les pieds de même au plus haut degré, et Marie de Médicis, la première nuit de ses noces, en fut terriblement parfumée. « Louis XIII, pensant faire le bon compagnon disait : Je tiens de mon père, moi, je sens le gousset. » (Tall. des Réaux.)

GRACE. Permission, désir, volonté, ordre même.

> Mais qu'arrivit-il de cela ?
> Ma drôlesse, sans votre grâce,
> Ly flanquit son poing sus la face,
> Ly disant : quien, velà pour toy.

> Première Harangue des habitans de Sarcelles à Mgr l'archevêque de Paris, novembre 1730; dans Pièces et Anecdotes, etc. 1re pie, p. 16.

C'est votre grâce, formule d'excuse, quand on conteste quelque chose à quelqu'un et qu'on ne veut pas lui donner un démenti en forme.

« Je vîme, environ nous, tra quevalié à chevau. Drès qu'al lez avisi, al me di : Piarot, je some pardu, s'tu ne di que tes mon mazi. Là dessu le primié s'an vian tou de gran me bouté s' n'arme entre lé deurieux, en disan : Où mène-tu s'te p... là ? — Morgué Monseu, san v' s'offancé, c'est ma fame. — T'a manti sditi — *c'est vout grâce*, sly dije. — O ban, sditi, pisque c'est ta femme, etc. »(1)

---

(1) Je vis autour de nous trois cavaliers à cheval. Dès que je les aperçus, elle me dit : Pierrot, nous sommes perdus, si tu ne dis que tu es mon mari. Là dessus le premier s'en vient tout brusquement me mettre son arme entre les deux yeux, en disant : Où mènes-tu cette p... là ?—Mor-

Cinquiesme partie et Conclusion de l'Agréable conférence de deux païsans de Saint-Ouen et de Montmorency, p. 8. 1649.

C'est aussi une formule de remerciement.

HENRI.

« Que j'aie l'honneur de vous servir, ma belle voisine. Je ne sais si vous avez de l'appétit, mais vous en donneriez.

CATAU.

« *C'est vot' grâce...* Bien obligé, Monsieur, v's'êtes ben poli. »

> La Partie de Chasse de Henri IV, par Collé, Act. III, sc. XIII. 1762.

Ainsi, permettre, contester ou nier, et enfin remercier, telles sont les trois significations diverses où contradictoires appliquées au mot *grâce*, selon l'état où se trouve la personne qui trouve bon de l'employer. Elles sont surtout familières aux païsans de la banlieue parisienne : et, chez les paysans, les formules de politesse ne disent pas toujours exactement la chose qu'ils veulent dire.

GRENOUILLER. Boire.

> Et leurs commères les poissardes
> Qui, n'ayant crainte du démon,
> Vous plantent tous là le sermon
> Pour galoper à la guinguette
> Où se *grenouille* la piquette...
> Tel en chemin a chanté pouille,

---

guié, Monsieur, sans vous offenser, c'est ma femme. — Tu as menti, dit-il. — Pardon, lui dis-je. — O bien, dit-il, puisque c'est ta femme, etc.

Qui rendu là (1), dès qu'il *grenouille*
Qui a le c. bouché d'un banc,
Change aussitôt du noir au blanc.

> Les Porcherons, chant I, dans Amusemens
> rapsodi-poétiques, p. 128 et 129. 1773.

GRIBOUILLER. Remuer, émouvoir.

Tes yeux ont *gribouillé* mon âme.

> Pasquille nouvelle sur les amours de Lucas e
> de Claudine, p. 9. 1715.

Le sens actif de *gribouiller* n'est pas indiqué par le Dictionnaire de l'Académie, non plus que le sens figuré qu'il a dans le passage ci-dessus et dans le suivant :

Queu plaisir an a ! Notre-Dame !
Comme an se sent *gribouiller* l'âme
Quand l'an revoit çartaines gens !

> Cinquième Harangue des habitants de Sarcel-
> les à Mgr l'archevêque de Paris, août 1740; dans
> Pièces et Anecdotes, 1re p^ie^, p. 258.

GRICOTTON. Rigaudon.

Y après l'pass'pied, l'allemande,
    L'cotillon s'demande.
Balancez, la, la, la, la, la,
L'pas d'*gricotton*, tla, tre, la, tra.

> Vadé. Jérôme et Fanchonnette. sc. XI.

GRIS. Vent de bise, froid.

Hé qùoy, madame la statue,
Avez-vous repris la parole
Pour nous venir ficher la colle,

---

(1) A la guinguette.

Depuis que vous vendez du *gris*
A tous les simples de Paris?

Les Révélations du Jeusneur ou Vendeur de
gris, p. 3. Paris, 1649.

Quoique l'admission de ce mot dans le *Jargon
ou langage de l'argot réformé* (1), semble indiquer qu'il appartient effectivement à l'argot, il n'en est rien; ce *gris* dit au sens de vent ou de froid, est une expression simplement populaire et même familière. Oudin l'a recueillie dans ses *Curiositez françoises ;* il y fait remarquer à la page 259, qu'on disait familièrement *il fait gris* ou *on vend du gris*, pour *il fait grand froid*. On disait aussi *faire grise mine* pour *froide* ou *triste mine*, et on le dit encore. Tout cela est bien connu ; passons.

La statue dont il est ici question et sur l'origine et la nature de laquelle nombre d'écrivains, entre autres l'abbé Lebeuf et Piganiol de la Force, ont dit leur mot, était située sur la place du parvis Notre-Dame, où elle demeura en butte à toutes sortes d'outrages et de mutilations, jusqu'en 1748. C'était là que se tenait la foire aux jambons, le jeudi saint. Et parce que les places, comme les bords des rivières, sont une partie du domaine que le fabuliste a appelé « le royaume du vent », on avait nommé cette statue le *Vendeur de gris*, quoique le gris s'y débitât aussi largement que

---

(1) Voir sur ce livre les *Etudes de philologie comparée sur l'argot*, par M. Francisque Michel, Introduction, p. xi et suiv., et mon *Histoire des livres populaires*, t. II, p. 357 et suiv.

gratuitement. Cependant les Parisiens ne laissaient pas d'envoyer au vendeur, pour acheter de sa marchandise, les nouveaux venus de la province, aux dépens desquels, suivant un usage immémorial, ils voulaient s'amuser. C'est ainsi que, aujourd'hui encore, ils envoyent un garçon simple et crédule acheter chez l'épicier de l'huile de cotret.

L'autre nom, celui de *Jeûneur*, paraît avoir été donné à cette statue, parce qu'elle n'avait vécu depuis mille ans, d'autre chose que de vent.

Mais ces qualifications étaient toutes populaires. Quand le peuple ne sait le nom ni d'un individu, ni d'un objet, il le qualifie, et pendant que les savants disputent sur ce nom, la qualification fait son chemin et reste. Les savants, et après eux la cour et la ville, voyaient dans cette statue Esculape ; c'était l'opinion la plus commune. Une mazarinade nous dit tout cela agréablement.

> Par une coutume ancienne
> Le jeudy de cette semaine
> Que l'on appelle l'Absolu,
> Ou, pour mieux parler, le goulu,
> Dans ce parvis où l'on contemple
> La face d'un superbe temple,
> Jambons croissent de tous costez,
> Ainsi que s'ils estoient plantez...
> Là . . . .
> Une marchande me convie
> De venir acheter du sien,
> Pourveu que je le paye bien.
> Elle avoit planté sa boutique
> Au pied d'une figure antique
> Qui sert de borne dans ce lieu,
> Tout vis-à-vis de l'Hôtel-Dieu.
> Là, cependant qu'elle me prise

La bonté de sa marchandise,
J'entendis tousser plusieurs fois,
Puis enfin élever la voix
De cette plaisante statue.
De quoy toute la troupe émue
S'assemble autour en un monceau ;
Lorsque, par un autre miracle,
Elle prononce cet oracle,
Après avoir trois fois craché
Et menty et deux fois mouché :
   « Peuple dévot à la cuisine
Plus qu'à l'Eglise ma voisine,
Que non la messe et les sermons,
Mais l'odeur des friands jambons,
Idoles de la populace,
Attire en foule à cette place,
Oyez la voix d'un sermonneur,
Vulgairement nommé Jeusneur,
Pour s'estre veu, selon l'histoire,
Mille ans sans manger, ni sans boire,
Et sans ch... par conséquent ;
Mais qu'un peuple plus éloquent,
Malgré la rongeure et la sape,
Appelle toujours Esculape,
Jadis des peuples adoré,
Maintenant par eux altéré,
Et mis, sans lampe et sans chandelle,
Comme une borne en santinelle,
Le nez et le menton rongé,
Et de tout le peuple outragé, etc. »

Suitte de la Révélation ou le second Oracle
rendu par le Jeusneur du Parvis de Nostre-Dame,
sur la conclusion de la paix, le jour de la Foire
aux jambons. Paris, 1649.

GR'LOT. Gros lot.

JOLIBOIS, *déguisé en marchand de billets de loterie.*

« On la tire aujourd'hui ; c'est pour aujourd'hui.

TOUPET.

« Ah! un bonheur né va pas sans un autre ; mettons à la lotérie, ma pétite Javotte.....

JOLIBOIS.

« V'là l'*gr' lot* d'quinze mille livres en passant ; v'là l'*gr' lot.*

TOUPET.

« Coléporteur, bénez çà. »

Les Raccoleurs, par Vadé, sc. XVII. 1756.

C'est ici un autre exemple d'une syncope analogue à celle de *ch'père* pour cher père, citée précédemment. Mais on se demande si elle était aussi facile à prononcer qu'à peindre.

GROS DE (Etre). Avoir une forte envie de.

CASSECROUTE.

« Bon jour, mon parent Cassandre.

CASSANDRE.

« Bon jour, bon jour, monsieur Picotin.

PICOTIN.

« Nous étions *gros* de vous voir. »

La Confiance des Cocus, parade, sc. v., dans le Théâtre des Boulevards, T. I, p. 40. 1756.

LÉANDRE.

« Cruelle Isabelle, c'est de mourir moi-même z'en personne devant vous tout à l'heure.

ISABELLE *pleurant*.

« Ha ! Allez, ingrat, je n'étois *grosse* que de vous voir. »

> Isabelle grosse par vertu, parade, sc. dern. Ibid., T. II, p. 86.

GROSSEUX. Se dit d'un homme qui montre de l'humeur, qui grogne, qui murmure, qui se plaint sans cesse. Il vient du vieux français *grosser* ou *grousser*, qui signifie réprimander, murmurer, se plaindre avec humeur.

« Badine-tu, *grosseux* ? N'faudroit-il pas que Charlot (1) te changeât d'chemise ? car tu sues. »

> Poissardiana, p. 41. 1756.

GROUINER. Embrasser.

SANS-QUARTIER.

« Comment, nigaud, tu serois assez sot pour être jaloux ?

GILLES.

« Non pas tout à fait ; mais je ne voudrois pas que l'on *grouinât* ma femme ; cela les accoutume à mal faire. »

> Caracataca, parade, sc. II, dans le Théâtre des Boulevards, T. I, p. 116. 1756.

GRUGEOIRE. Mâchoires, dents.

> Je serois plus sot qu'un cheval
> Qui ne voit point dans sa mangeoire
> De quoy mettre sous la *grugeoire*.
>
> La Raillerie sans fiel, en vers burlesques, p. 4. 1649.

---

(1) Le bourreau.

Gueulant. Friand, appétissant.

> Moi, je me borne à des héros,
> Hardis pourfendeurs de gigots,
> Intrépides pour les grillades,
> *Gueulans* ragoûts, tripes, salades.

Les Porcherons, chant I, dans Amusemens rapsodi-poétiques, p. 126. 1773.

Gueulée. Bon morceau.

> Pour pouvoir aller le septième (1)
> Sucer, comme on dit, le cruchon,
> Chanter la Mère Gaudichon...
> Hommes et femmes s'empaffer,
> De tout âge enfans se piffer,
> Crocs (2) rencontrer quelque *gueulée*,
> Tapageurs troubler l'assemblée, etc.

Ibid., p. 122.

Il signifie plus loin cris violents, interpellations grossières.

> Ces sauts, mornifles et gambades,
> Beuglements, *gueulée*, embrassades.

Ibid., chant. III, p. 145.

Il a encore ces deux sens aujourd'hui ; mais M. Littré ne donne pas le second.

Gueusasse. Qui est de la race des gueux ; la canaille.

« Je m'fous ben de tous ces ennemis-là, moi ; ce n'est que de la *gueusasse*. »

Le Drapeau rouge, IIe Dialogue, p. 5. 1792.

*

---

(1) Le septième jour de la semaine.
(2) Escrocs, parasites.

GUEUSE AU LITRON. V₁ LITRON.

GUINGUIN. Mouchoir de toile peinte pour se couvrir la tête.

> Il me dit : Je suis le Jeusneur ;
> C'est le nom dont la populace,
> En me voyant à cette place,
> Me coiffe comme d'un béguin ;
> Mais sous la forme d'un *guinguin.*

> Les Révélations du Jeusneur (1), ou Vendeur de gris, p. 3. 1649.

J'ai parlé dans mon *Etude sur le langage populaire de Paris* (2), de l'habitude qu'a conservée le peuple de cette ville, de forcer jusqu'à l'aigu la nasalisation, dans les sons *an* et *en,* et de les prononcer *in* ; j'en ai donné plusieurs exemples. Le mot *guinguin* en est un autre ; il est dit pour guingan, toile de coton blanche ou peinte de l'Inde et dont on faisait des mouchoirs et des fichus, les uns pour la tête, les autres pour le cou. On les appelait ainsi parce qu'on en fabriquait de pareils à Guingamp, en Bretagne.

H

H (Etre marqué à l'). Etre battu.

« Prions seulement que ceste ordonnance ne porte son appel en croupe, que les commissaires l'effectuent et pour nostre profit et pour nostre consolation, et ainsi nous aurons la paix chez nous ; car si elle est observée, nous aurons plus de biens et moins de

---

(1) Voyez ci-devant au mot *Gris.*
(2) Page 132.

coups. Nous sommes le plus souvent *marquées a l'H*, pour monstrer que nostre peau est tendre. On ne le jugeroit pas à nostre mine reformée comme la tirelire d'un Enfant rouge. »

La Réjouissance des femmes sur la deffence des tavernes et cabarets. Paris, 1613, dans les Variétés historiques publiées par M. Ed. Fournier, t. X, p. 193.

D'après ce passage, il n'est pas douteux que ces femmes *marquées à l'H*, ne soient des femmes battues par leurs ivrognes de maris. Nous le voyons plus clairement encore, s'il est possible, dans un autre passage de la même pièce, à la page 180, où, parlant des mauvais traitements dont elles sont l'objet, elles et leurs enfants, de la part de leurs maris et pères pris de vin, elles disent : « Ils ne beuvoient verres de vin qu'ils ne tirassent autant de larmes des yeux de leurs femmes et de leurs enfans, lesquels *marquez* à la teste et au visage, sçavoient mieux les forces des bras de leurs maris et de leurs pères que celles du vin.» Ainsi, que ce soit *marqué* tout court, ou *marqué à l'H*, cela veut dire qu'on porte sur sa figure ou ailleurs la marque des coups qu'on a reçus.

Mais l'expression *marqué à l'H* a évidemment plus de force et fait allusion à quelque circonstance qui l'a déterminée.

On disait autrefois d'un boîteux, d'un borgne, d'un bossu, tous gens à qui leur infirmité, beaucoup moins pourtant que l'envie, semble donner plus de malice ou de méchanceté qu'aux autres, qu'*ils sont marqués au B*, parce que le *b* est la première lettre de ces mots. Mais comme toutes sortes de gens sont exposées à recevoir des coups, et que les mots par lesquels on désigne ces gens commencent par l'une ou l'autre de toutes les lettres de l'alphabet, ne pouvant, à cause de cela, tirer l'allusion de ces lettres, on l'a tirée de celle par où commencent le plus souvent les noms de coups ou d'instruments servant à les donner. Cette lettre est l'H ; ainsi, *horion, heurt, hoche* ou entaille faite sur un bâtonnet pour tenir le compte du pain, du vin ou autre denrée prise à crédit ; *hache, hallebarde,* dont la *hampe* servait à frapper les soldats ; enfin, *hart,* lien de fagot, fameux dans l'histoire des volées ou coups de bâton. Etre *marqué à l'H* serait donc le même qu'être frappé d'un de ces instruments, ou de recevoir un de ces coups. Or, dans le cas dont il s'agit, il est permis de croire que l'objet auquel devaient le plus naturellement penser des ménagères, en parlant des marques qui leur sillonnaient le visage, est le bâtonnet marqué de *hoches* ou entailles. Cet objet leur était, en effet, très-familier, et il l'est encore aujourd'hui à la plupart de leurs pareilles, surtout dans leurs comptes avec le boulanger. Le bois sur lequel on pratiquait ces *hoches* ou *coches* (car ces deux mots sont synonymes), était du bois blanc, et tendre comme l'était aussi la peau de ces dames. Cependant, à les en croire, leurs blessures se cicatrisaient promptement, puisque leur peau « se reformait comme la tirelire des Enfans rouges ». En d'autres termes, elles faisaient peau neuve, comme ceux-ci, après avoir brisé leur tirelire pour en extraire la monnaie, s'en procuraient une nouvelle. On sait que les Enfants rouges étaient des enfants pauvres habillés de rouge,

formant une institution appelée du même nom,
et qui allaient mendier dans Paris avec une tirelire.

HABILLÉ DE NOIR. Avocat.

« Alle jase aussi bien que les *habillés de noir* de la
halle aux procès. »

> Le Déjeuner des Halles, ou Accords de mariage
> entre Claude L'Echappé, Michel Noiret, char-
> bonniers, avec Suzon Vadru, Marianne Ravin,
> revendeuses de fruits sur des éventaires, etc., p.
> 10. S. L. 1761.

HAÏDANCE. Aide.

« Par le secours de son *haïdance*, j'obtiendrons un
édit bien tapé. »

> Le Paquet de mouchoirs, p. 7. 1750.

HAINGERIE. Haine, colère.

> Je rendray pour eux l'Évangile
> Si doux, si commode et facile,
> Que ni parjures, ni sarmens,
> Ni colères, ni juremens,
> Ni vengeances, ni *haingeries*
> N'empêcheront aucunement
> Qu'ils n'entront dans le Firmament.

> Première Harangue des Habitans de Sar-
> celles à Mgr l'Archevêque de Paris, prononcée
> en novembre 1730, dans Pièces et Anecdotes,
> Ire partie, p. 27.

On disait *haingue* et *hainge* au XIIIe siècle, le
peuple y a ajouté le suffixe *rie*, un de ceux dont
il aime le plus à allonger les mots.

HALLE AUX PROCÈS. Palais de justice.

Voyez, ci-dessus, *Habillé de noir*.

HALLEFESSIER. Gueux, bélître, faquin, homme grossier et méprisable. Selon quelques - uns : serviteur qui flatte son maître, mouchard ou espion d'un tyran.

« Si l'on nous avoit donné des sabres... j'aurions déguenillé (1) tous ces *alfessiers* qui nous ont presque mis à l'hôpital. »

> Les Trois poissardes buvant à la santé du Tiers-Etat, p. 21. 1789.

Les diverses significations de ce mot que j'ai données, je les ai prises dans Cotgrave, et celle qui convient ici est sans contredit l'une des deux dernières, sinon toutes les deux ensemble. Comme le pamphlet des *Trois Poissardes* est dirigé contre la Noblesse des Etats-Généraux, et que, dans cette noblesse, il y avait plusieurs personnages de la cour; que d'ailleurs, aux yeux de l'auteur du pamphlet, tout noble était réputé courtisan, les *hallefessiers* sont ici les serviteurs qui flattent leur maître, qui mouchardent le peuple pour le compte du roi, en un mot les courtisans.

Dans mon *Etude sur le langage populaire parisien* (2), j'ai rendu ce mot simplement par *noble*, ne l'ayant pas trouvé dans Cotgrave où je l'avais cherché à la lettre A, au lieu de la lettre H, sous laquelle il est. Mais, je le répète, *noble* et *courtisan* sont pour notre pamphlétaire et ses lecteurs et amis, une seule et même chose. J'ai cru devoir encore donner, à l'endroit cité, une expli-

---

(1) Déchiré, dépouillé, mis en guenilles.
(2) Page 306.

cation étymologique de ce mot; elle est toute conjecturale : mais n'ayant pas trouvé mieux depuis, je la maintiens.

Ce mot n'est pas dans le Dictionnaire de M. Littré.

HANNETONS (Se tenir comme des). Être très-étroitement unis.

> Car ils se tenont ces démons
> Tretous *comme des hannetons.*
>
> Deuxième Harangue des habitans... de Sarcelles à Mgr l'Archevêque de Paris.Avril 1731.

HAUSSER LE RATELIER. Couper les vivres.

« La mauvaise prêtraille ne mérite pas moins que les fermiers généraux que vous lui *haussiez le râtelier.*

> Cahier des plaintes et doléances des Dames de la Halle.., par M. Josse, p. 14. 1789.

C'est, en effet, le moyen qu'on emploie à l'égard des chevaux, quand ils ont assez mangé. Seulement, on dit le râtelier par métonymie, au lieu du fourrage.

HARDELLE. Personne du sexe laide, maigre, efflanquée.

> A qui mieux mieux se garmentirent (1)
> De la plâtrer cor de nouviau,
> Et de li bailler un mantiau
> Qui li baillit queuque apparence
> D'une *hardelle* d'importance.
>
> Harangue des Habitans de Sarcelles à Mgr Charles, dit de St. Albin, archevêque duc de

---

(1) Se donnèrent la peine. Voy. *Garmenter* (se).

Cambrai... au sujet de son Mandement du 25 juillet 1741 ; dans Pièces et Anecdotes, IIe partie, p. 175.

Hardelle est une syncope pour *haridelle* qui a la même signification. Mais, au xive siècle, il eût été écrit correctement et eût signifié drôlesse, fille de mauvaise vie. « Laquelle Jehanne eust deslengié (1) les dites trois jeunes filles pour ce qu'elles mangeoient du fruit de laditte Jehanne... et leur dist que elle les feroit batre, en les appellans sanglantes *hardelles*. (*Lettres de grâce* de 1397, dans Du Cange, éd. Didot, au mot *Hardelles*.)

Hardo, et mieux Hardeau. Vaurien, garnement.

Il doit (2) remercié son Monsieu le Grand-
[Maistre (3)
Qui, le voulant sauvé, receut par la fenestre
Un grand coup de pavé dessus son pauvre dos,
Qui le contraignit bien luy et tous ses *hardos*
De driller au pu viste.

La Gazette des Halles touchant les affaires du temps ; Ire Nouvelle, p. 7. 1649.

« Il eut ung fils nommé Ténot Dandin, grand *hardeau* et galant homme ; ainsi m'aist Dieu ! »

Rabelais. Pantagruel, Liv. III, ch. 39.

Hardeau, qui se disait aussi *hardel,* est le masculin de *hardelle.* Voy. encore Du Cange, *loc. cit.*

---

(1) Injurié.
(2) Le chancelier Séguier.
(3) Le maréchal de la Meilleraye, grand-maître de l'artillerie.

Omis par M. Littré.

HAYSANCE. Haine.

> Du Mazarin, de la mazarinaille...
> Qu'an diroit-on? qu'an dira-t-on?
> Nous a fait bien manger du son.
> Mais maugré tout son *haysance*,
> J'on cependant la Conférence (1),
> Tant achepté comme pillé,
> J'avon nous fait ranvitaillé.

> > Suitte de la Gazette de la Place Maubert, p.
> > 12. 1649.

HÉRITANCE. Héritage.

> Mais je n'ons eu pour *héritance*
> Que son courage et sa constance.

> > Riche-en-gueule, p. 55. 1821.

HÉRITE, Attrape.

C'est le terme dont on se sert à l'égard d'un homme à qui l'on a joué quelque mauvais tour.

ARLEQUIN.

Monsieur est un marchand, y faut que je vous dise,
Qui vient à Mameselle offrir sa marchandise.

ISABELLE.

Arlequin dit bien vrai ; zil me l'offre à crédit,
Ce qu'il montre est fort beau ; zil en trouve débit.

GILLES, battant Léandre.

> Sa marchandise? oui ; pan, la voilà payée !
> *Hérite*, mon garçon.

> > L'Amant cochemard, parade, sc. III; dans le
> > Théâtre des Boulevards, t. II, p. 8, 9. 1773.

---

(1) La Conférence de Ruel.

« C'est pour lui rabattre son caquet ; je lui gardois ça pour ses étrennes; *hérite*, ton père est mort. »

> Les Ecosseuses, p. 19. 1739.

HEURE DE DIEU. Bonheur.

« Ça vous portera une *heure de Dieu.* »

> Le Déjeuner de la Rapée, p. 8. 1755.

L'expression propre est *heur de Dieu.*

HIDEUR (Ça fait). Cela dégoûte, révolte.

> O! notre bon roi, le dirons-je. ?
> *Ça fait hideur,* quand l'on y songe !

> Harangue des Habitans de Sarcelles au Roi; juin 1733; dans Pièces et Anecdotes, IIᵉ partie, p. 428.

HLUAUX. Gluaux.

« Janin revenant de Paris, après huit jours d'absence, fut apperceu de son cousin Tallebot qui tendoit des *hluaux* sur un fresne. »

> Suitte de l'Agréable Conférence de deux païsans de Saint-Ouen et de Montmorency, p. 3. 1649.

Cet adoucissement de la gutturale initiale est assez commun dans le patois de la banlieue de Paris. En voici encore un exemple :

HODELUREAU. Godelureau.

« Quer j'antans jaré queuque foua, apray la Gran Messe, cé *hodeluriaux* qui disan : n'an fai cy, n'an fai ça, par cy, par là. » (1).

> Ibid., p. 4.

---

(1) Car j'entends jaser quelquefois, après la grand'Messe, ces godeluriaux qui disent : L'on fait ceci, l'on fait cela, par ci, par la.

HUILE (Bigre à l'). Moine de l'ordre des Minimes.

J'ai cherché précédemment (1) quelle était la signification de cette grossière locution, et à qui elle s'appliquait ; mais, sauf les maîtres d'hôtel qu'on appelait ainsi par analogie, je me suis trompé dans tout le reste. Voici la solution vraie de la question d'après deux passages sur lesquels je suis tombé récemment et qui ne laissent aucun doute.

> Entre deux moines impudents,
> L'un cordelier, l'autre minime,
> S'ourdirent de grands différents...
> « Par là corbleu, taisez-vous, mirmidon,
> » De par François, » s'écriait le champion.
> « Taisez-vous vous-même, allez boire, »
> Reprit le minime en courroux.
> « Tu te rengorges bien, reprit le moine altier,
> « Et tu fais bien le *bigre à l'huile* ;
> » Apprends, mon grand ami, qu'ignorant cordelier
> « Vaut un minime habile. »

> Recueil de nouvelles poésies galantes, critiques, latines et françoises IIe partie, p. 131. Vers 1726.

LE PRÉLAT EXPIRANT.

> Un prélat étant près de rendre
> L'âme à Dieu, le corps au curé,
> Etoit assez bien préparé
> Sur le parti qu'il alloit prendre.
> Près du lit, l'extrême onction
> Attendoit l'exhortation
> D'un directeur des plus sublimes,

---

(1) Voyez au mot BIGRE A L'HUILE.

Lorsque plusieurs moines entrant,
« Sauvez l'huile, dit le mourant,
» Je vois paroître les minimes. »

Ibid., p. 113.

Saint François de Paule, fondateur de l'ordre
des Minimes, leur ayant prescrit de ne manger
que de l'huile, c'est-à-dire de faire toute leur
cuisine à l'huile, et cela, parce que les pauvres, en
Calabre, faisaient de même, on voit tout de suite
pourquoi ces moines étaient qualifiés de *bigres
à l'huile*.

HUMBLESSE. Humilité.

Lors il commença de nous dire
Comme quoy ce Mansieu Pâris
Avoit gagné le paradis :
Ses vartus et sa pénitence,
Sa retraite, son abstinence...
Et son *humblesse* sans seconde.

Compliment inespéré des Sarcellois à Mgr de
Vent***, au sujet de leur pélérinage à Saint-
Médard, p. 6. 1733.

HUMBLETÉ. Humilité.

Stila . . . .
Qui devroit être le modèle
Des autres par son *humbleté*,
Se quiant tallement haut monté
Qu'il croit que la tarre habitable
N'est pas de le porter capable.

Troisième Harangue des Habitans de Sarcelles à Mgr l'Archevêque de Paris, au sujet des
miracles ; mai 1732 ; dans Pièces et Anecdotes,
Ire partie, p. 143.

7

I

IVOIRES. Dents. Voy. YVOIRES.

J

JACQUE SANGUIN. Fromage frais et mou, mêlé et pétri avec des fraises.

> « N' me r'tiens pas, crois-moi, car je commencerois par t'accommoder la figure comme du *jacque. sanguin.* »
>
> Vadé. Les Raccoleurs, sc. vi. 1756.

Le *jáque,* pour dire le fromage blanc frais, est un mot d'importation bourguignonne ; *sanguin* exprime l'état de ce fromage, quand on y a mêlé et écrasé des fraises. C'était un ragoût cher aux dames de la halle. Mettre une figure au *jacque sanguin* est l'équivalent de la mettre en compote.

Il y eut un Jacques Sanguin qui fut prévost des marchands, de 1606 à 1611. Peut-être y a-t-il ici une plaisanterie sur le nom de ce magistrat, dont la tradition se serait maintenue dans le peuple jusqu'au temps de Vadé. Mais alors l'auteur aurait dit « comme *un* Jacques, » ou «comme Jacques Sanguin. » Il n'y a donc qu'une ressemblance de noms ; mais elle est singulière.

JANCU. Abatteur de bois.

> Un grand *jancu* de bon minois
> Afin de violer les lois
> Du sacrement de mariage,
> En la maison du pourpointier
> A fait despriser le mestier
> Pour honorer le cocuage.
>
> Les Caquets de l'Accouchée (1622), édit. Janet, p. 180.

De là le verbe *janculer*, faire profession de séduire, de débaucher les femmes. Je ne cite pas l'exemple, et pour cause ; on le trouvera dans *Moralité très bonne et très excellente de Charité... moralité à douze personnaiges*, au tome III, p. 340, de l'*Ancien Théâtre françois*, édit. Jannet.

JAPPE. Bavardage, objurgations bruyantes, résistance en paroles.

> Un commissaire et son escorte
> A minuit frappent à la porte ;
> On ouvre, on monte, et l'on saisit
> Tout, sans accorder de répit.
> . Beau jeu n'auroit pas là la *jape* ;
> Tous les huit aussitôt l'on hape.
>
> Les Porcherons, chant VII, dans Amusemens rapsodi-poétiques, p. 199. 1773.

JASMIN. Valet de pied, laquais.

« On sera obligé de payer quand on voudra avoir des *jasmins* derrière sa voiture. »

> Cahier des plaintes et doléances, etc., p. 13, 1789.

En style de passementier, on appelle *jasmin* une touffe, un paquet de galons, de cordonnets, etc. Se pouvait-il trouver un sobriquet plus convenable à des gens pomponnés et galonnés sur toutes les coutures ?

JEAN LE BLANC.

> TONTON.
>
> A l'endroit de ma sœur....
> C'beau monsieur vous l'enjole,
> Devant moi la cajole,
> Et d' ces politess' là,
> I n' m'en offre pas ça.

La Ramée.

Mais, Mamzelle, sont pas des politesses pour un enfant.

Tonton.

Eh! mais, Monsieur *Jean-L'Blanc*, tien; allez, quand on s'habille et se déshabille toute seule, on n'est plus un enfant.

Vadé. Les Raccoleurs, sc. vii. 1756.

Cette qualification a lieu d'étonner, et dans la bouche du peuple, à une époque où il y avait plus d'un siècle et demi qu'on l'avait inventée. C'est celle que donnaient les protestants à l'hostie eucharistique. Un pamphlet en vers sur ce sujet : *La Légende véritable de Jean le Blanc*, a été imprimé en 1677, et inséré l'année suivante dans le *Cabinet Jésuitique* (Cologne, chez Jean le Blanc, 1678, in-12). On y fait l'histoire de l'hostie depuis le jour où elle n'est qu'un grain de blé en germe, jusqu'à celui où, après des transformations diverses, elle subit la destinée de tout ce qui sert à l'alimentation de l'homme. Il n'y a rien de plus plat, de plus sot que ce pamphlet. Il fallait un autre ton pour attirer le ridicule sur un sujet qui n'y prête guère d'ailleurs, et l'auteur ne l'a attiré que sur soi.

Jean l'Enfumé. Jambon.

Que je donnerois bien ores dans une cave
Pleine de fort bon vin ou bien de bon pommé,
Mais que j'eusse avec moi frère *Jean l'enfumé* !

Les Corrivaux, par P. Troterel, Act. I, sc. i. 1612.

Jean Fait-tout. Factotum.

> Ce Lustucru n'étant que Frère,
> Dame, voulit devenir Père,
> Comme il étoit le factotum,
> Le *Jean Fait-tout* dans leux maison,
> C'étoit li qu'avoit soin des farmes.

> Les Habitans de Sarcelles désabusés au sujet
> de la Constitution *Unigenitus* ; IIe Harangue à
> Mgr l'Archevêque de Paris. Avril, 1731 ; dans
> Pièces et Anecdotes, I^e part, p. 58.

Jean du houx. Bâton.

> Velà *Jean du Houx* rué jus,
> Plus n'en auroys esbat ne jeulx.

> Farce nouvelle d'un Ramoneur de cheminée
> (xve siècle); dans l'Ancien Théâtre françois, t.II,
> p. 194, Éd. Jannet.

Jean Jeudi. Mari trompé.

> Nous ferons publier nos bans
> Pour nous marier mercredi,
> Afin que tu sois *Jean Jeudi*.

> Pasquille sur les Amours de Lucas et de Clau-
> dine, p. 15. 1715.

A proprement parler, il n'y a que le mot *Jean* qui ait la signification indiquée. *Jean Jeudy* est le mot par lequel on désignait l'instrument exé-cutif des arrêts contre les maris destinés à être trompés. Voyez Rabelais, dans le *Pantagruel*, L. II, ch. 21.

Jean des Vignes. Vin.

> Car *Jehan des Vignes* qui est tant beau
> Incontinent leur gaste le cerveau.

> Sermon joyeux et de grande valuë (xve s.),

dans l'Ancien Théâtre françois, éd. Jannet, t. II, p. 215.

Est-ce une allusion à la célèbre abbaye de Saint-Jean des Vignes, à Soissons ?

J'ENTRE EN GOUT. Qui a le goût difficile, qui veut expérimenter avant de choisir et de prononcer.

« Parlé, parlé, monsieur de Trelique-Brelique ! Aga, ce monsieu faict à la haste, ce monsieu si tu l'est ce dégousté, ce *j'entre en goust* ! Parlé, Jean qui de tout se mesle et rien ne vient à bout. »

> Nouveaux Complimens de la Place Maubert, des Halles, Cimetière S. Jean, Marché neuf et autres places publiques. Ensemble la Resjouissances des Harangères et Poissonnières faicte ce jours passés au Gasteau de leurs Reines. 1644 Dans Variétés historiques et littéraires, éd. Jannet, t. IX, p. 235.

JE NOUS VOILA. Me voilà.

« Si fait, ma sor, *j'nous vlà*. »

> Madame Engueule, sc. x, 1754.

Cette locution est assez commune dans les écrits de ce genre. Elle s'emploie également au pluriel.

> Dans l'Gros Caillou enfin *j'nous vlâmes*,
> J'la reconduisis cheux sa maison.

> Riche-en-Gueule, p. 238, 1821.

Voilà donc qui se conjugue : Nous *vlâmes*, vous *vlâtes*, ils *vlèrent* ou *vlarent*.

JÉROME. Bâton.

« Sans-Quartier s'est mis en colère ; Gilles l'a rossé avec un *jérôme* de bonne mesure. »

> Caracataca et Caracataqué, parade, Act. III, sc.

11 ; dans le Théâtre des Boulevards, t. I, p. 162. 1756.

GILLES.

« Eh pardienne, je n'y touche pas (*Il boit. Pendant qu'il boit, Madame Gilles lui prend son* JÉROME *et le bat*).

> Le Mauvais exemple, parade, sc. XI ; *Ibid.*, t. III, p. 61.

Il m'est impossible de trouver ce qui a donné lieu à une semblable signification.

JOBET. Nigaud, maladroit.

> Assez ce nous est d'infortune
> De donner tout nostre pécune,
> Sans être encor comme *jobet*
> Pendans d'oreilles de gibetz.

> Requeste des Partisans à MM. du Parlement, en vers burlesques, p. 8. Paris, 1649.

C'est un mot de la langue du XIIIe siècle.

L.

LAPIDAIRE EN CUIR. Savetier.

« Il employa tous ses amis pour m'faire avoir un bureau d' propreté dessus l' Pont neuf, mais n'me sentant pas d'goût pour cet état-là, i m' mis cheux un *lapidaire en cuir.* »

> Amusemens à la Grecque, p. 42. 1764.

C'est aux petites pointes qu'on appelle diamants et dont on garnit la semelle des souliers, que le savetier doit cette qualification.

LAPIN FERRÉ. Soldat de la maréchaussée.

« Que j'étions bêtes de nous exposer pour vous aux bayonnettes des *lapins ferrés* ! »

Cahier des plaintes et doléances des Dames de
la Halle, etc., p. 35. 1789.

M. Josse, auteur de ce *Cahier*, me paraît donner ici aux archers à pied un sobriquet qui
n'appartenait qu'aux cavaliers de la maréchaussée.
Les archers à pied portaient seuls le fusil à bayon-
nette, et le peuple les appelait *pousse-culs*. La
maréchaussée tirait son sobriquet, non de ses armes,
mais de la *chaussure* de leur chevaux. Ceux-ci
étaient vraiment et absolument les *lapins ferrés*.

Tout le monde connaît cette lettre, authentique
ou non, mais digne d'un Spartiate, d'un général
de l'armée d'Italie à Bonaparte :

Citoyen général en chef.

« Les lapins manquent de pain ; pas de pain, pas de
lapins ; pas de lapins, pas de victoire : ainsi, ouvre
l'œil. N i ni, c'est fini. »

La Roche (S'appeler). Être brave, mauvaise
tête, redoutable à qui moleste les gens ou les
importune.

Des Enquestes deux présidens
En murmuroient entre leurs dens.
L'un disoit : je vis sans reproche ;
L'autre : Je m'appelle *La Roche*.

Le Courrier burlesque de la guerre de Paris,
IIe part., p. 7. Paris, 1650.

Leroux prétend que cette locution se dit d'un
libertin. C'est une erreur. Le plus libertin ne se
vante pas ainsi. Cela n'appartient qu'à l'homme
tel que je viens de le définir, et comme il y en
avait beaucoup dans la chambre des Enquêtes, au
Parlement, à cette époque.

Quant au fait qui a donné lieu à cette locution, je l'ignore absolument. Mais n'y aurait-il pas là une allusion à quelque seigneur féodal mal endurant?

LIMONADIER DES POSTÉRIEURS. Apothicaire.

« Voyez-vous donc, M. Tirebile, *limonadier des postérieurs*, qui vend la mort dans ses liqueurs. »

Riche-en-gueule, p. 66. 1821,

LINGÈRE A PETIT CROCHET. Chiffonnière.

« Ma mère voyant qu'elle ne f'roit rien dans le méquier d'actrice publique pour le chant, voulut entrer dans l' commerce et s'mit *lingère à p'tit crochet.* »

Amusemens à la Grecque, p. 42. 1764.

Il ne faut pas oublier qu'on brodoit au crochet. D'un crochet à l'autre, il n'y a que la main.

LITRON (Gueuse au). Fille de mauvaise vie, de l'espèce la plus vile et la plus commune.

> Tu n'eus jamais de repentir,
> *Gueuse au litron*, vilaine envilainée,
> Au diable t'es abandonnée.

Le Goûter des Porcherons, p. 10. 1750.

« Quand elles en ont taté, elles s'acoquinent, et par après deviennent des *gueuses au litron*, et empoisonnent nos garçons. »

Cahier des plaintes et doléances, etc., p. 40. 1789.

Le sens de cette locution est que, le litron étant la plus petite mesure de capacité, et par conséquent celle qui a le moins de valeur, ce qui était dit *au litron,* était considéré comme tout à fait méprisable. C'est ainsi que, dans les *Trois poissardes buvant à la santé du Tiers Etat*, p. 6 (1789), les personnes de la petite noblesse sont qualifiées de *nobles au litron*. On peut parier que cette locution est tirée de la profession des écosseuses, comme le prouverait assez la *gueuse* désignée dans le premier exemple, laquelle était une écosseuse.

M.

MAIS QUE ou MES QUE. Pourvu que.

> Une tasse d'argent
> Dans quoi j'ons bu t'à vot' santé souvent,
> Tout ça vous s'ra baillé
> *Mais que* j'soyons dég'lé.

VADÉ. Jérôme et Fanchonnette, sc. XII.

> Qui me vient dire tous les jours
> Qu'alle a pour moi de biaux amours,
> Qu'a me nourrit dans une cage,
> Pour *mes que* nous soyons en cage ;
> Je pense que ce sont oyseaux.

Le Véritable Gilles le niais, p. 6, 1649, in-4.

Cette expression est encore du patois normand mais elle apparaît dans la langue dès le XIIe siècle. Au siècle suivant, Rutebeuf dit :

> Il ne lor chaut, *mes qu'il* lor plese
> Qui q'en ait peine ne mesese.

Œuvres de Rutebeuf, publiées par A. Jubinal, t. Ier, p. 193.

Le second exemple a *pour mes que*, où *pour* est presque un pléonasme. C'est du moins une superfétation.

MAL-AU-DOS. Se dit d'un homme mal élevé, commun, grossier.

Bourguignon.

« A qui en avez-vous donc, notre bonne mère *Rognon* ? Croyez-vous que ce soit-là une bride à veaux ?

Madame Rognon.

« Au diable ! *mal-au-dos* ; vous êtes des avaleux de pois gris, vous autres ; vous sentez le sac (1). Mais ça ne se fait pas comme ça, sçavez-vous.

> Le Porteur d'eau, ou les Amours de la Ravaudeuse, comédie ; sc. iv, dans les Écosseuses, p. 113. 1739.

Ce mot était dit pour malotru, et par décence, malotru étant populairement prononcé à la manière italienne, ou comme la reine Marie de Médicis prononçait le nom du mari de Mme de Nogent (2).

En Brie, ce mot signifie actuellement un homme qui n'a pas de crédit, qui est mal dans ses affaires, qui est gêné « dans ses entournures. »

Malsoin. Négligé dans sa tenue, malpropre.

« Oui, et je l'avoue que si je sçavois un fondeur assez retors pour faire un lingot d'un *malsoin*, j'ty porterois tout brandy, pour qu'y fassît de toi queuque chose de prope. »

> Madame Engueule, sc. II. 1754.

Le peuple parisien dit aujourd'hui *marsouin*.

Mal-va. Mauvais sujet.

---

(1) Un sac soi-disant d'écus que sa fille feignait de cacher.

(2) Voyez le Menagiana, t. I, p. 267. 1715.

« Eh ! non, ce lui fit la drôlesse, je ne veux point d'un grand *mal-va* comme vous ; vantez-vous en. »

Les Écosseuses, p. 15. 1739.

MARCHAND (Quel)! Quel homme irrésolu! quel tâtonneur ! quel grimacier !

Eh ! non, Colin ; nanin, voire da, queu *marchand!*

La Noce de village, par de Rosimond, sc. 1. 1705.

MARCHAND DE PLIANTS.

NIGAUDINET.

« Oh! quoique vous soyez deux femelles, ça ne nous feroit pas peur, non, s'il s'agissoit... Vous m'entendez bien.»

Mme TRANCHET.

« Je crois pourtant que je n'y gagnerions guère ; car, sans vous insulter, vous avez l'air un peu *marchand de playants.*

Madame Engueule, sc. IX. 1754,

Hac locutione adluditur ad eos qui, cum in palæstra venerea nervi duritie quadam quercea pollere se prædicant, eumdem contra flexilem et demissum sicut juncus præstare assuescunt.

MARQUENTIN. De marchand ; ce qui est propre à cette profession.

« La Construction (1), en style *marquentin,* c'est une lettre de change tirée par le P... à l'ordre des J... sur la France. »

Le Déjeuner de la Râpée, p. 12. 1755.

_____

(1) La Constitution *Unigenitus.* P... est pour le Pape, et J... pour Jésuites.

MÉCANISER (Se). Se tromper, être déçu de la bonne opinion qu'on a de soi.

« Me v'là ben genti, moi ! Ce mariage-là, c'est z'un poignard qui me pique... Je m'étois *mécanisé*, je le vois... Je ne donnerai que dans le sesque de ma compétence. »

Les Cent écus, par Guillemain, sc. XIX. 1783.

Ce verbe est resté dans la langue populaire parisienne, mais en la forme active, où il signifie vexer, gouailler, persifler.

MÉDAILLE DE PAPIER VOLANT.

« Oh ! je vas te faire voir à qui tu parles : va, *médaille de papier volant* vis à vis de l'hôtel des Ursins, tiens-toi ben. »

Les Raccoleurs, sc. XVIII. 1756.

Il paraît que le côté de la rue des Ursins, dans la Cité, opposé à l'hôtel de ce nom, était hanté habituellement par les gens pour qui nécessité n'a point de loi. Cela me dispense d'expliquer ce que l'auteur entend ici par ce qui est appelé ailleurs (*Poissardiana*, p. 46. 1756), *médaille des Pays-Bas*.

MERLAN BLEU. Poisson d'avril, ou maquereau.

« Quelques étourdis, par raillerie, m'appeloient *merlan bleu*, ce qui vouloit dire en leur langage (1) poisson d'avril.

Les Maistres d'hostel aux Halles, p. 31, 1670.

MIRLIROT (Dire du). Se moquer, se ficher de.

_____

(1) En langage de laquais,

Tout est pour nous moins qu'un zéro.
Et j'en *disons du mirliro.*

Première Harangue des Habitans de Sarcelles
à Mgr l'Archevêque de Sens. Avril 1740 ; dans
Pièces et Anecdotes, Iʳᵉ partie, p. 293.

« Quand je vois comme ça qu'une fille dont la mère
lui dit : Babiche, faut aller au catéchisme, et qu'on
vous répond : Fort peu de ça ; *j'en dis du mirlirot.*

Les Ecosseuses, p. 55. 1739.

JANIN.

« Ne me connais-tu poen ? As-tu romblié (oublié)
que je sis Janin ?

PIAROT.

« Jarnigué, Janin ou Jannette, *j'en dy du mirlirot.*

Nouvelle et suitte de la cinquiesme partie de
l'Agréable Conférence de Piarot et Janin, p.
6, 1651.

Je pourrais citer encore d'autres exemples de
cette singulière locution, car ils sont nombreux,
mais je m'en tiens à ces trois-là dont le sens est
partout le même et ne laisse pas d'équivoque.

Mirliro, au jeu de l'hombre, est la réunion de
deux noirs, celui qui les a, reçoit deux fiches, s'il
gagne, et en paye deux, s'il perd.

Mirliro ou *Mirlirot* est, en outre, le mélilot,
plante papillonacée et odorante, dont le nom est
ainsi travesti dans le langage populaire parisien.
Cotgrave le dit formellement : « *Mirlirot as Mélilot,* parisien. » Mais, contrairement à son habitude, le lexicographe ne cite pas la locution populaire dont ce mot fait partie. Elle était cependant
connue de son temps, comme le prouve notre
troisième exemple, tiré d'une pièce qui date de

1651. Quoi qu'il en soit, on ne saurait assurer lequel, de *mirliro,* terme du jeu de l'hombre, ou de *mirlirot,* forme corrompue de mélilot, a suggéré au peuple parisien l'idée de le choisir comme expression fondamentale d'un dicton méprisant. Il y aurait plus de probabilité en faveur de la plante ; car le mélilot est un petit trèfle, et le trèfle étant un fourrage comme le foin, on a pu le prendre, ainsi que ce dernier mot, pour exprimer le mépris.

> *Foin* du loup et de sa race !

a dit La Fontaine, *Fab.* IV, 15 ; et ailleurs, dans l'*Eunuque,* IV, sc. IX :

> J'étais en train de rire ;
> *Foin* de la ménagère et de ses compliments !

MIRANCU. Apothicaire.

« Respect au capitaine *Mirancu* ! Qu'il aille se coucher ailleurs ; car s'il s'avisoit de jouer de la séringue, nous n'avons pas de canessons pour l'en empêcher. »

> L'Apothicaire empoisonné ; dans Les Maistres d'hostel aux Halles, p. 292. 1671.

MITE. Remords, au figuré.

« Apprens que j' somme' honnête femme, qu'i n'y a pas un cheveu à ôter d' ma tête, et que j' n'ons fait tort d'un iard à personne. C'est ton *mite,* tu n'en peux pas dire autant. »

> Amusemens à la Grecque, p. 16. 1764.

C'est comme si l'on disait : « c'est ton ver rongeur, » le nom de mite étant donné à des larves d'insectes, surtout de papillons nocturnes du genre teigne, qui rongent les étoffes.

MOLLET. Gras de la partie postérieure de la jambe; partie molle de diverses autres choses.

« Vous ne cachez pas tous vos *mollets* dans vos bas : c'est comme la barque d'Anières, ça n'sart plus qu'à passer l'iau. »

Le Déjeuner de la Râpée, p. 9

Hœc sunt verba cujusdam petulantis muli-erculæ ad quemdam jam senescentem virum, con-valescentem e morbo, et carnale opus adhuc penes se esse male jactantem. In eo enim Thra-sone mulieroso parsista corporis quam proprie vocant mollet, *non solum in tibialibus ejus in-clusa erat, sed et in bracis, ubi, mutata ex toto forma, nil valebat nisi, scaphæ Asnieriæ instar,* àpasser l'eau, *id est, ad meiendum. Sed, animad-vertas, oro, sensum locutionis* passer l'eau *æqui-vocum ; hic enim unda transitur, illic eadem transit.*

MOUCHER (se) DANS SES DOIGTS. Etre habile, intel-ligent, résolu.

« Il sait *se moucher dans ses doigts.* »

Le Déjeuner de la Râpée, p. 15.

C'est comme si l'on disait : il ne se mouche pas du pied.

MOUCHOIR (Coup de). Soufflet.

« Voyez le train qu'a m'fait pour un *coup d'mou-choir* que j'lui ai donné !... — Mais, monsieur le commissaire, il ne dit pas qu'il se mouche avec ses doigts. »

Il y a remède à tout, par Pompigny, sc. IX. 1783.

MOULE A CROQUIGNOLLES. Figure à recevoir des croquignolles ou des nasardes impunément.

« C'est un homme doux, qu'on dit ; c'est un *moule à croquignolles.* »

> Le Café des Halles, com. anonyme, sc. II.
> 1783.

MOULE A POUPÉE. Mal tourné, mal bâti.

« Ah ! ah ! ah ! c'grand benet ! a-t-il un air jaune... Dis donc hé ! c' *moule a poupée*, qu'veux-tu faire de cette pique ? »

> Riche-en-gueule, p. 83. 1821.

MOULIN DE LA HALLE. Pilori.

Mais pour qu'à l'avenir tu fass' mieux ton devoir
Fais réguiser ta langu' sur la pierre infernale,
Et puis j'te f'rons tourner au *moulin de la Halle.*

> Amusemens à la Grecque, p. 5. 1764.

MOUTARDE. *Stercus.*

> J'ons un bon guide en récompense...
> Mais ce n'est pas, Dieu nous garde !
> Notre biau curé de *moutarde.*

> Deuxième Harangue des Habitans... de Sarcelle à Mgr l'Arch. de Paris. 1731.

On sait ce qu'entend par *baril de moutarde,* l'un des continuateurs de Scarron :

> En le lançant il dit : prends garde !
> Je vise au barril de *moutarde.*
> La suite du *Virgile travesti*, L. x.

N.

NE C'EST. Ce n'est.

Dans une des *Agréables Conférences*, je trouve

répétée deux fois, cette sorte de métathèse des plus singulières. Elle a lieu, comme on le voit, par suite d'un échange entre la première lettre du mot *ne* et la première du mot *ce*.

Janin interprétant mal le mot *morte-paye*, nom qu'on donnait autrefois à un soldat qui ne faisait pas de service, et que le roi ne laissait pas de payer, Piarot lui dit :

« O ! t'as di vray ; *ne c'est* pas su que ça s'neffie ; c'est-à-dize que si j'étas mort, n'en ne larat pas de me payé. »

> Nouvelle et suitte de la cinquiesme partie de l'Agréable conférence de Piarot et Janin, p. 6. 1649 (1).

Et plus loin, même page :

« C'est le bediau de l'église du chastiau ; y porte une belle roube queme lé Consilié, may *ne c'est* que par un coûté (2). »

Une tmèse, encore plus invraisemblable que cette métathèse, se trouve dans une pièce intitulée : *Dialogue sur les affaires du temps*, sans date (1748). Elle est à la page 8. On y lit :

« Je vous en *ré*, ma foy, *pons* », pour : Je vous en répons.

Cela semble néanmoins couler de source, car la rapidité avec laquelle on énonçait nécessairement

---

(1) Oh ! tu as dis vrai ; ce n'est pas ce que ça signifie : c'est-à-dire que si j'étais mort, on ne laisserait pas de me payer.

(2) C'est le bedeau de l'église du château. Il porte une belle robe comme les conseiller, mais ce n'est que par un côté.

cette proposition, laissait à peine le temps de s'appercevoir du divorce que la formule affirmative *ma foy* opérait entre les deux membres du mot *répons*.

Ni fin, ni moins. Ni plus, ni moins.

> Je n'antans rien à ton jargon,
> *Ni fin, ni moins* qu'au bas Berton.
>
> Suitte de la Gazette de la place Maubert, p. 11.
> 1649.

C'est une locution essentiellement parisienne et qui est d'usage encore aujourd'hui dans le langage populaire. Elle a je ne sais quelle grâce, et elle eût mérité de trouver place dans le Dictionnaire de M. Littré, où je l'ai vainement cherchée.

O

Œil (A l'). A crédit.

Prendre *à l'œil* un objet, une marchandise quelconque, c'est, en langage populaire, prendre l'un ou l'autre à crédit, et assez communément, avec le dessein de ne pas payer. Les négociants de cette dernière espèce sont un peu de la race des escrocs; ils exercent sans patente, et ne payent d'impôts qu'à la prison. Je ne sais pourquoi ils ont choisi ce terme pour désigner une industrie ; ils ne l'ont pourtant pas inventé; ils en ont seulement faussé le sens, en l'accommodant à leur usage. Donner *à l'œil* est donner à crédit.

L'œil est celui de nos organes le plus fertile en applications métaphoriques. La tendresse et la haine, l'attention et la légèreté, la candeur et la

ruse, la bonté et la malice, l'intelligence et la stu-
pidité, toutes les passions enfin les plus vives et
les plus tumultueuses, comme les mouvements
les plus doux et les sentiments les plus délicats,
on lit cela dans l'œil de l homme ; et il suffit d'un
mot, accompagné de quelques épithètes, pour
exprimer et faire comprendre tout cela. Ce n'est
que dans ces temps modernes qu'on s'est avisé
d'en faire le garant d'une dette contractée avec
plus ou moins de bonne foi, en un mot un répon-
dant.

Développons un peu cette matière.

Les Romains avaient une manière charmante
de qualifier, soit une personne aimée véritable-
ment, soit une personne indifférente, mais qu'on
avait intérêt à flatter ou à caresser : ils l'appelaient « mon œil », *ocule mi* : « mon petit œil »
ocelle mi ; « mon très œil », si l'on peut dire, *ocu-
lissime*. Toutes ces expressions sont dans Plaute et
dans Térence. Je ne sais si les Grecs ne disaient
pas aussi ὀφθαλμίδιον pour *ocelle mi* (1); ils
disaient certainement ἐν ὀφθαλμοῖς ἔχειν, aimer comme
ses yeux, expression que nous avons également.
Notre poète Desportes a dit :

> Médor qui tenoit seul sa pensée asservie,
> Son cœur, son *petit œil*, son idole, sa vie.

Quelques-uns pensent que prendre un objet *à
l'œil*, pourrait bien équivaloir à : prendre d'amitié, sans façon, et comme on en use à l'égard des

---

(1) Ce mot est dans Aristophane Ἱππεῖς, v. 905 ; mais
non pas pourtant dans ce sens.

amis, entre lesquels, dit on, tout est commun.
Mais il ne faut pas envisager cette conjecture avec
trop de complaisance.

Selon d'autres, l'*œil des tailleurs* était autrefois
le nom d'un coffre où ils mettaient le reste du
drap des habits faits à façon. Quand on leur rede-
mandait ce drap, « ils juroient, dit Oudin, de n'en
avoir non plus de reste qu'il en pouvoit tenir dans
leur œil. » De là, a-t-on dit, l'origine de notre
dicton. Je suis d'avis de traiter cette origine, tirée
de la probité des tailleurs, plus sévèrement encore
que leurs mémoires, c'est-à-dire d'en rabattre, non
pas seulement pour une partie, mais pour le tout.

« Faire quelque chose *à l'œil* » pour obéir, est
une locution que je ne voudrais pas déclarer
impropre ; elle veut dire : faire à commandement.
Ou ajoute *au doigt,* et l'on dit : faire ou obéir *au
doigt et à l'œil.*

Saint Paul s'est servi deux fois d'une expression grecque qu'il a forgée, ὀφθαλμοδουλεία. C'est au
chapitre IV de l'Épitre aux Éphésiens, et au chapitre III de l'Épître aux Colossiens. Dans ces deux
passages, il avertit les serviteurs de rendre à leurs
maîtres les devoirs et l'obéissance auxquels ils sont
obligés envers eux, mais il leur défend « de servir
seulement ceux-ci sous leurs yeux, c'est-à-dire
de manière à en être vus, comme s'ils ne cher-
chaient qu'à plaire aux hommes, mais de le
faire dans la simplicité de leur cœur et dans la
crainte de Dieu. » Nous disons, au contraire, parlant d'un maître qui est bien servi, qu'il l'est *au
doigt et à l'œil,* ce qui pourrait s'exprimer en
grec par ὀφθαλμεντολή. Cette contrariété, dit H.

Estienne (1), vient de deux divers respects, ou diverses intelligences d'une même manière de parler; car quand Saint-Paul défend de servir *à l'œil* il défend de servir tellement qu'on craigne de faillir, seulement de peur d'estre veu et aperceu. » Si j'entends bien l'interprète, Saint-Paul veut mettre les serviteurs en garde contre les susceptibilités de l'amour-propre. Quelque considérable que soit l'autorité de Henri Estienne, je ne saurais convenir que Saint-Paul ait dit ce qu'il lui fait dire. J'ai cité les termes de l'apôtre, d'après la version d'Ostervald, conforme, à cet égard, à toutes les autres.

Ces exemples font assez voir (car j'en omets bien d'autres), quelles variétés de sens peut recevoir le même mot, selon les temps et selon les peuples. Il n'est donc pas étonnant si le nôtre tient de l'imagination du peuple une acception de plus, et si elle est malhonnête. C'est une des plus fortes tendances du langage populaire, que celle de s'approprier certaines formes de la langue générale, d'imposer, aux plus nobles un sens ignoble, aux plus claires un sens équivoque, de les travestir enfin de telle sorte qu'elles disent ou tout autres choses, ou précisément le contraire de ce qu'elles disent en effet. C'est peut-être conformément à cette tendance que *à l'œil* dont la vraie signification est *à commandement,* signifie populairement *gratis* ou a crédit.

Mais je crains bien de faire ici un étalage d'éru-

---

(1) *Conformité du langage français avec le grec.* Introduction.

dition inutile, car si mes souvenirs de jeunesse ravivés à propos par ceux d'un ami du même temps, ne me trompent pas, l'origine de cette locution ne tiendrait à rien de tout cela, et se rattacherait à un fait bien connu au temps de la monarchie de juillet, peut-être même auparavant. Elle viendrait de la petite carte orange marquée d'un œil, que les agents de police, vêtus en bourgeois, montraient au contrôle des théâtres et des bals publics, pour entrer, *sans payer*, et faire leur service. Ils entraient donc *à l'œil*. En 1836, Odry, dans je ne sais plus quelle pièce, parlant à un interlocuteur qui voulait se faire servir quelque chose à crédit, lui disait, en se posant sur l'œil une pièce de cinq francs : « C'est égal, t'a pas l'œil comme ça ». Ce qui voulait dire qu'avec son argent, il pouvait se passer de tous les *œils* des monarques de comptoirs d'étain. La plaisanterie était accueillie par des applaudissements enthousiastes.

Un homme d'un âge aujourd'hui respectable, et à qui je parlais de ce trope pittoresque, se rappela et me dit dernièrement qu'étant jeune, de figure et de tournure à être très-remarqué, il fut accosté un soir au Palais-Royal par une de ces belles personnes qui étaient alors l'ornement et le scandale des Galeries de bois. Elle dit tout haut et pour qu'il l'entendît bien : « Quel joli garçon ! je l'enlèverais *à l'œil* » Ce qui voulait dire : Je lui donnerais pour rien ce que les autres me payent.

Pris dans le sens de à crédit, *à l'œil* a donné lieu à une autre locution aussi spirituelle que juste, et qui mériterait presque, Dieu et les puristes me pardonnent ! d'être du bon style : c'est *ouvrir un œil*. Quand un ivrogne a épuisé son crédit chez un marchand de vin, il *ouvre un œil* ailleurs, c'est-à-dire chez un autre marchand. De même, quand il s'est libéré de son premier *œil*, le marchand de vin consent à lui en *ouvrir* un second. Mais il arrive souvent que ce même ivrogne oublie de payer partout; alors tous les marchands de vin qu'il a dupés, lui *ferment l'œil* Ainsi mis à l'index, au moins dans son quartier, il est certaines rues où il n'ose pas seulement se montrer, et si quelqu'un, dans un but de simple flanerie, l'engage à passer par une de ces rues, il répond *qu'on la pave*, c'est-à-dire qu'elle est barrée. Ce pavage, ce sont ses créanciers.

Je terminerai par cette petite scène de tribunal de police correctionnelle, qui confirme ce que je viens d'avancer (1).

« Corel est un des chiffonniers les plus typiques que nous ayons vus s'asseoir sur le banc de la police correctionnelle.

« Condamné par défaut à treize mois de prison pour escroquerie, il a formé opposition au jugement.

« *Alexandre Calais*, marchand de vin, expose ainsi les faits :

« M. Corel avait l'habitude de venir prendre des gouttes à la maison ; il payait d'ordinaire au fur et à mesure ; le voilà qui se met à me devoir cent sous ; mais il me dit qu'il avait fait un héritage, et j'*ouvre l'œil* jusqu'à 20 francs.

« *Corel*, avec un geste magnifique : Onze ! vous l'avez *ouvert* d'onze seulement, monsieur Alexandre !

---

(1) Gazette des tribunaux, 28 septembre 1863.

Le témoin. Ça ne fait rien. Alors je lui réclame mon argent, et il me dit : « C'est pas tout ça : c'est » pas un héritage que j'ai, c'est deux ! » Alors j'*ouvre l'œil* de 40 francs.

« Le lendemain il me dit : « C'est pas tout ; j'ai » encore le gros lot. On va vendre le bataclan ; il me » revient 1265 francs ; le compte est fait, net, là, » recta ! » A partir de ce moment-là, il ne travaille plus, ne faisant que boire et manger.

« Moi je lui disais : « Eh bien ! voyons, cet héritage, » quand le touche-t-on ? — « Je vas aller chez le » notaire, » qu'il me dit. Il va chez le notaire, et revient furieux ; « En v'là une affaire, qu'il me dit : il » ne me revient plus que 700 francs ; ils m'ont rabattu » un tas de factures d'épicier, et on me remet à huit » jours pour me donner ce qui me revient. »

« Moi, comme il me montrait des lettres sur son héritage, j'étais tranquille. Alors, huit jours après, je » lui dis : « Allons ensemble chez le notaire. — Je » veux bien, » qu'il me dit. Alors il déjeune à la maison, et puis après : « Préparez-vous, qu'il me dit, » pour venir chez le notaire. Moi, je n'ai pas des » effets assez *roublards* (1), je vais en emprunter. » C'est bon, nous convenons de l'heure ; je l'attends toute la journée ; le soir, je reçois une lettre dans laquelle il me dit qu'il ne lui revient rien de son héritage. J'étais refait. »

OIGNON (Par la vertu d'un) ! Sorte de jurement.

> Mais *par la vartu d'un oignon*,
> Ils sont mariés environ
> Comme l'est l'évêque de Chartres
> Avec l'abbesse de Montmartres.

---

(1) Assez cossus, distingués.

Deuxième Harangue des Habitans de Sarcelles à Mgr l'Archevêque de Sens; mai 1740;
dans Pièces et Anecdotes, Iʳᵉ partie, p. 354.

Un siècle auparavant, les dames de la halle, à
qui appartenait naturellement le privilége de
prendre à témoin de leur bonne foi un de leurs
légumes les plus en crédit, juraient *par la tête
aux oignons.*

Derrière, maintes harangères
Crioient: *Par la teste aux oignons !*

Agréable récit de ce qui s'est passé aux dernières barricades, p. 15. Paris, 1649.

Oiseaux (Aux). Très-beau ou très-bon, excellent, parfait.

« Ça m'paroît bien tapé, *aux oiseaux*, mamzelle.
Fourrez un peu la main sous l'empeigne pour voir
tout l'fini d'l'ouvrage. »

Le Galant Savetier, comédie, par Saint-Firmin,
sc. 1. 1802.

L'origine de cette locution vient sans doute de
certaines reliures à la mode, au xviiiᵉ siècle, et
qui offraient, sur les plats, des oiseaux dans les
angles. On disait alors : une reliure *aux oiseaux,*
comme on dit encore : une reliure *aux armes.*
On dit que certains libraires, aujourd'hui en
renom, vendraient volontiers leur chemise et
donneraient leur gilet de flanelle par dessus le
marché, pour avoir une reliure de ce genre.

Ordre de maitre Jean-Guillaume. Corde de
potence.

Noël Guillaume (1) d'une adresse
Qui ne sent pas son écolier,
L'enchevell'ra (2) de ce collier
Qu'avecques périphrase on nomme
L'ordre de maistre Jean Guillaume.

> La Catastrophe burlesque sur l'enlèvement du
> Roy, p. 11. Paris, 1649.

P.

PAGE PUBLIC. Commissionnaire, crocheteur et décrotteur tout ensemble.

« Ton frère aîné est un grateux de ruisseau, et ton cadet est *page public.* »

> Le Goûté des Porcherons, p. 13. 1755.

« Ton fils est *page public*, il porte un nœud d'épaule de bois (3), sur quoi il décrotte les souliers de ses pratiques. »

> Le Déjeuner de la Râpée, p. 22. 1755.

PAIN PERDU. Peine perdue.

« Elle eut beau le tintamarer, la tarabuster, sabouler, pisser des yeux, c'étoit *pain perdu*; quand l'eau bénite est faite, il n'y a plus à y revenir. »

> Les Écosseuses, p. 32, 1739.

Le *Pain perdu* est, proprement, de la brioche frite. On trouve ce mot pris dans ce sens à la fin du XIVe siècle. Il est dit dans des *Lettres de grâce* de 1384 : « Lequel exposant leur respondi que il ne leur avoit que donner fors un pain blanc

---

(1) Fils de Jean Guillaume, le bourreau.
(2) Enchevêtrera.
(3) Boîte à brosses et à cirage.

et du burre ;... et lors entrèrent ou dit hostel, disant que ilz en feroient du *pain perdu* » (1). Mais le mot et l'usage ne paraissent avoir été connus que dans quelques provinces. Dans la bouche du peuple de Paris qui l'ignorait, *pain perdu* n'est que la forme parodiée d'une locution juste et usuelle.

Vers 1820, on disait aux enfants que, quand les cloches sonnaient, elles disaient: *Pain perdu.* C'était du reste un très-vieux dicton dans toute la Brie.

Pampine. Bouche avec de grosses lèvres et baveuse.

« Et toi, où qu't'iras, vilaine *pampine*, figure à chien, tête de singe, matelas d'invalide ? »

> Riche-en-gueule, p. 25. 1821.

« Y veut faire son queuqu'z'un avec sa mine de porichinelle ; son corps est comme une flûte traparcière, son nez d'perroquet, sa bouche comme les *pampines* d'une vache qu'a la foire.

> Ibid., p. 30.

De ces deux applications différentes dans le même écrit, d'un même mot, l'une à la personne, l'autre à la chose, j'ai tiré l'interprétation que j'en ai donnée. Quant à l'origine de ce mot, je ne la connais pas. Peut-être est-ce une corruption de *babines*.

Papillons d'auberges. Coups de poing, soufflets.

---

(1) Du Cange, éd. Didot, au mot *Panis*, p. 57, col. 1.

Bientôt à défaut de flamberges
Volent les *papillons d'auberges* ;
On s'accueille à grand coups de poing
Sur le nez et sur le grouin.

> Les Porcherons, chant III, dans Amusemens
> rapsodi-poétiques, p. 147. 1773.

PARLEMENTAGE. Langage bon ou mauvais ; langage du palais ou des gens de robe. En bon français, c'est l'action de parlementer avec l'ennemi.

« Le *parlementage* des ordurières de la halle. »

> Poissardiana. *Dédicace.* 1756.

Un méchant bailli de malheur
S'avisi de rendre eun' sentence
Pour nous établir un tuteur,
Rian qu' pour régir not' pauvre bian,
Qui nous coûtait cent francs par an
Que j'ons payé sans rian rabattre,
Et si j'ons disputé comm'quatre.
C't intérêt mangi l' principal ;
N'est-c' pas l' chemin de l'hôpital
Des mineurs qui sont en bas âge ?
Mais si j' savions l' *parlementage*,
Tous ces Messieux qui ont d'l'honneur,
Auriont réparé not' malheur,
En empêchant tout' leux malice
Par la bonté de leux justice.

> Les Citrons de Javotte, p. 14, 15, 1756.

On disait aussi *parlement*, pour langage, conversation, colloque, et *parlementer*, pour parler. Voyez mon *Étude sur le langage populaire de Paris*, p. 311.

PARLER COMME LA SERVANTE A PILATE.

« Comme elle enfile sa gueule ! Ça n' finit pas ; ça *parle comme la servante à Pilate.* »

Le Goûté des Porcherons, p. 28, 1755.

Allusion à la servante qui, dans la cour du souverain sacrificateur, demanda avec insistance à Saint Pierre, « s'il n'était pas avec Jésus, de Nazareth ? » Je n'ai trouvé ce dicton indiqué nulle part.

Il y a plus d'un demi siècle, les montreurs de *Passion* allaient encore dans les petites villes, où ils la faisaient jouer par des acteurs de bois d'un mètre de haut. La servante à Pilate était le personnage grotesque de la pièce, comme Judas en était le traître. Aussi, la servante à Pilate était-elle, pendant tout le reste de l'année, prise comme terme de comparaison avec tout ce qui était ridicule, sale, et odieux, et avec quiconque versait des flots de paroles pour ne rien dire, ou pour dire des impertinences.

Paroli. Parole, style, discours, son de la voix, langage en prose, par opposition au langage en vers. Voici des exemples de ces cinq significations :

« On ne donne plus dans le panneau de vos *parolis.* »

Cahier des plaintes et doléances, etc , p. 49.
1789.

« I' n' fait donc pus son journal ? C'était stila qu'avait un joli *paroli !* »

L'Intérieur des comités révolutionnaires, par Ducancel, act. II, sc. vii 1795.

« Il ne te manque plus que de faire le *paroli* d'entrée aux États-Généraux. »

Les Trois poissardes buvant à la santé du
Tiers Etat, p. 9. 1789.

Ce mot est encore en usage chez les Picards,
dans le même sens.

« J' faisons plus d' contenance d'un filet d' vote
paroli que d'un tas de jazeux qui s' faisont gros comme
des bœufs, à cause qu'ils avont pour deux yards d'in-
loquence. »

Vadé. Lettres de la Grenouillère, lett. xiv. 1755.

« Entonnage des différents couplets qui entrelar-
dent note *paroli* journalier,... pour la facilitance des
personnes distillées dans la musique. »

Idem. Le Paquet de mouchoirs, 1ʳᵉ page des
airs notés. 1750.

PART. Bonté, obligeance.

Madame BAGUEL.

« C'est-t'y parler, ça ? Monsieux, j' pense tout de
d'même que comme vous.

M. DE LA SONDE.

« Ma comère, c'est un effet de... de votre *part*. »

Vadé. Fragment d'une pièce inachevée.

« Oui, il est tout-à-fait intéressant. — Ah, Monsieur, c'est une marque de votre *part*. »

Janot chez le dégraisseur, par Dorvigny, sc.
xvi. 1779.

Cette locution est encore des plus familières au
peuple parisien.

PARTANT QUE. Pourvu que, parce que.

Exemples de pourvu que :

« Si alle est mal polie, je veux que dans queutes jours y n'y paroisse pus, *partant que* j'y mettions la main. »

Madame Engueule, sc, IV, 1754.

« *Partant que* j' trouvions queuque imprimeux qui nous lâche des noïaux ! »

Le Paquet de mouchoirs, p. 2. 1750.

Exemples de parce que :

. . . . Tu deviens tout blasphème (1)
Partant que je te dis deux paroles.

La Noce de Village, par M. de Rosimont, com., en vers, sc. IV. 1705.

Et de son bon gré ordonna,
Qu'on donnast toutes ses lunettes,
Après sa mort, aux Quinze-Vingts,
Partant qu'ils furent ses voisins.

La Grande Dyablerie qui traicte comment Satan fait demonstrance à Lucifer de tous les maux que les mondains font selon leurs estatz, etc. (par Eloy d'Amerval). Paris, 1508, in-fol.

Conf. le *Grand Testament* de Villon, article CXLVIII.

Le sens conditionnel de pourvu que, donné à cette locution me paraît être une erreur dont la responsabilité appartient au langage populaire. On voit en effet par le dernier exemple que cette locution n'était pas primitivement adversative, mais copulative. Le Dictionnaire de M. Littré ne la donne pas.

PISTOLET DE MANŒUVRE. Pierre ou caillou.

_____

(1) Blême.

« (Ils) chassèrent le sergent et tous ceux qui étoient avec luy, à grands coups de pierres que ces palots nommoient d. *pistolets de manœuvres.* »

L'Apotichaire empoisonné, dans les Maistres d'Hostel aux Halles, p. 302. 1671

PLEUTRE Comme sans dignité, sans courage, sans considération.

Le Dictionnaire de l'Académie est un grand seigneur qui ne s'encanaille pas souvent et pas aisément. Il en est de lui comme de certains chapitres d'Allemagne, où nul n'est admis, s'il n'a fait preuve au moins de quatre quartiers de noblesse, tant du côté paternel, que du côté maternel. Les mots nouveaux se morfondent longtemps dans les antichambres, avant d'être introduits. Tout qui sent le parvenu, est tenu à distance. Si pourtant il en pénètre par ci par là quelques-uns, c'est, ou en prenant la livrée des mots comme il faut, ou, comme saint Yves, à la faveur de quelque tour. On sait que le patron des procureurs, n'ayant pu obtenir de Saint Pierre d'entrer dans le paradis, y jeta son bonnet, et qu'ayant reçu la permission d'aller le chercher, il ne voulut pas sortir. Le mot *pleutre*, s'est jeté, lui, de toute sa personne, dans le palais Mazarin, et y est resté. L'occasion était excellente; l'Académie venait achever la définition du mot *pleurs*; elle était sur le point de passer au mot *pleuvoir* qui le suivait jusqu'ici dans l'ordre alphabétique, lorsque *pleutre* fit valoir ses droits. Il déclara qu'étant reçu partout, même dans les meilleures compagnies, il ne voyait pas pourquoi celle où il se présentait un peu sans façon, il est vrai, se montrerait plus difficile. Il ajouta qu'un jour son emploi ne serait pas dédaigné, même des membres de l'illustre corps. Ainsi il prédit que M. E. Augier écrirait un jour ce vers :

Elle doit me trouver un bon maintien de *pleutre*,

et M. Oct. Feuillet cette phrase si profondément philosophique :

« Que de *pleutres* on voit aujourd'hui rouler carrosse ? »

Là dessus, on crie *aux voix !* Trois ou quatre collets montés votent contre, le reste vote pour ; *pleutre* est admis. Dès lors, tous les dictionnaires interlopes lui ouvrirent leurs colonnes. Il portait le plumet de l'Académie, et il n'y a pas de scrupules qui tiennent contre un plumet.

Un *pleutre*, suivant l'Académie, est un « homme sans courage, qui ne mérite aucune considération. » Cette définition est la bonne ; elle donne le sens que *pleutre* avait primitivement. Car, avec son air de nouveauté (et il est en effet nouveau dans la langue française), *pleutre* est ancien dans le patois, et ce patois est picard. Il y signifie poltron, mou, énervé. De même dans le wallon où il s'écrit *pleutt*. A Paris et dans plusieurs provinces, il a un sens différent, quoique très-étendu ; il comprend à la fois le caractère, l'extérieur, la position sociale et les manières. D'un homme ou grossier, ou mal vêtu, ou parvenu, ou d'habitudes vulgaires, on dit, c'est un *pleutre*. Il n'y a que les Wallons et les Picards qui le prennent au sens de poltron. Or, le dialecte picard, grâce surtout aux écrits des trouvères, eut, comme personne ne

l'ignore, une influence immense sur la langue
française; le génie clair et méthodique de ce *jargon*, ainsi que l'appelle Rivarol, ses mots, ses
tours, et même sa prononciation un peu sourde,
dominent aujourd'hui dans cette langue. Ce n'est
pas la faute du picard si les mots qu'elle en a tirés
ont plus ou moins changé de signification, et si,
comme font les voleurs, elle a dénaturé ce qu'elle
a pris. Avec un peu d'attention, on découvre le
larcin, et sous les changements qui la désignent,
on retrouve la physionomie primitive de la chose
volée. C'est ce qui a lieu pour *pleutre*. Le sens
qu'il a en picard est le sens vrai, et, si je ne me
trompe, il est pleinement justifié par l'étymologie.

Pleutre me semble venir en effet, ainsi que le
mot *poltron* lui-même, soit du bas latin *pullitra*,
pullitria, volaille (nous disons une *poule mouillée*),
soit de *pulletrum*, peutrel ou poulain. Que le
caractère de la volatile et du quadrupède soit tel
que l'implique le mot *pleutre*, dans le patois
picard, c'est ce que personne, je pense, ne con-
testera. Il y a plus, *peutrel*, jeune cheval et
pleutre sont le même mot, sauf la transposition
de la lettre *l*.

> Le fiert si dedens le chastel
> Qu'il le tresbusche du *peutrel*.

> (*Partonopeus de Blois.*)

PONT-TORCHON (Demoiselle du). Chiffonnière.

> Mais passons promptement au reste,
> Au plus plaisant, au plus burlesque ;
> Voyons les dames aux chiffons,
> *Damoiselles du pont-torchons.*

Le Passe-temps de Ville-Juif, en vers burlesques, p. 6. Paris, 1649.

Pont-torchon est une altération préméditée de
Pontorson, ville du département de la Manche,
où l'on fabriquait alors, et où l'on fabrique encore
aujourd'hui des toiles, élément principal des tor-
chons et des chiffons. Ce qui confirme mon sentiment est la qualification de *mademoiselle de
Pont-orson* donnée par une marchande de poisson
à une bourgeoise qui dépréciait sa marchandise :

« Parle, hé ! Parrette ! N'as-tu pas veu madame
Crotée, mademoiselle du Pont-Orson, la pucelle d'Orléans ? Donnez-luy blancs draps à ste belle espousée
de Massy (1) qui a les yeux de plastre. »

Nouveaux complimens de la place Maubert,
dans Variétés historiques et littéraires, p. 231.
Éd. Jannet.

Portraisse. Portrait, en parlant de celui d'une
femme.

« L'Amour dont vous êtes la vraie *portraisse*. »

Poissardiana, p. 17. 1756.

Cette tendance du peuple de Paris à féminiser
les substantifs masculins, lorsqu'ils s'appliquent à
une femme, subsiste encore. En voici une preuve
toute récente :

« Vous ne savez sans doute pas de combien de
façons on peut écrire : *De Profundis* ?
« Un marbrier a bien voulu nous renseigner à cet

---

(1) Commune du canton de Longjumeau (Seine-et-Oise),
où l'on exploitait des carrières de plâtre.

égard, et voici les différentes variantes qui lui sont passées sous les yeux :

« Deprofundis (d'un seul mot).

« De pronfondis.

« Des profundis !

« Des profundis (pour les hommes), et Des *profundises* (pour les dames).

« Voilà ! »

Le Figaro, 25 mars 1872.

POULET D'IVOIRE. Poulet d'Inde.

NANETTE.

« R'mercie, mon fils.

FANCHON.

« Ben obligé, mon enfant.

LOUISON.

« Merci, mon p'tit cochon d'lait.

JAVOTTE.

« Ben obligé, mon *poulet d'ivoire*. »

Vadé. L'Impromptu du cœur, Sc. VI. 1757.

Si j'interprète ce mot par poulet d'Inde, c'est qu'*ivoire*, dans le langage populaire parisien, était synonyme d'*Inde*, c'est-à-dire du pays dont on tirait l'ivoire, tout comme on appelait *inde* tout court, et la couleur bleu d'azur qu'on tire de l'indigo, et le bois d'Inde ou le bois de Campêche. Le compliment de Javotte à Louison est d'ailleurs la juste réciproque du compliment de celle-ci, et c'est par métaphore qu'elles se traitent l'une et l'autre de bêtes ou d'imbéciles.

L'auteur d'une mazarinade intitulée *Le Ministre d'Estat flambé* (1649) parle du poulet d'Inde et du cochon, comme ayant tout à fait disparu de la table des petits bourgeois et du peuple, pendant le blocus de Paris.

> Le poulet d'inde et le cochon
> Ne leur doivent plus rien de rente ;
> Marotte, Cataut et Fanchon
> Qui vendent jusqu'à leur manchon
> Y sont vaines tables d'attente.

POURPOINT (A bride-). A brûle pourpoint.

«Cheux les grands on n'entre pas à *bride-pourpoint* comme cheux nous. »

> L'Amant de retour, coméd. par Guillemain. Sc. VIII. 1782.

PROPRE (Être sur son). Être bien vêtu, bien paré.

> Quant *sur son propre* est la fringante,
> Elle est plus leste qu'Atalante.

> Les Porcherons, ch. I, p. 132. 1773.

PUER BON. Sentir bon.

«Faudrait être comme toi... un espion des c.. mal torchés, pour ne pas *puer bon*. »

> Poissardiana, p. 40. 1756.

> .... Ces gens-là, tant qu'ils sont, s'en sarvons
> Pour avoir bonne mine, et pis cor pour *puer bons.*

> Les Préjugés démasqués, en vers patois sarcelois, p. 30. A Port-Mahon, 1756, in-12.

Q.

QUEM (Faire de son). Faire l'important.

« J'étions plus citoyens actifs... que les marchands

d'motions qui *faisont* tant *de leur quem* dans leux tric-trac (1). »

> Journal des Halles ajusté, ravaudé et repassé par M. Josse, écrivain à la Pointe Saint-Eustache auteur du Cahier des plaintes et doléances des dames de la Halle, N° II, p. 4. 1790.

QUEUE DE FER, DE POELE. Épée.

« Aré, n'avon jamas vu Rodomon aveu sa *queu de fer*? Que guiebe veu-ti faize de sa *queu de pouale*? Est-ce pour tué dé limas, dé crapiaux (2)? »

> Suitte et Quatriesme Partie de l'Agréable Conférence de Piarot et de Janin, p. 7. 1649.

QUEUQU'UN (Faire son). Même signification.

« N'ont-ils pas à craindre que je *fasse mon queuqu'un*? »

> Boniface Pointu, com. par Guillemain, sc. II. 1782.

« Y veut faire *son queuqu'*z*'un* avec sa mine de polichinelle. »

> Riche-en-gueule, p. 30. 1821.

QUILLE (La)! Sorte d'interjection.

MARGOT.

« Quand j'aurai reçu tout le restant, ma mère, noùs verrons ca.

BOURGUIGNON.

« Je n'ai pas besoin du reste, moi; je ne suis pas difficile.

---

(1) District.

(2) Aré, n'avez-vous jamais vu Rodomont avec sa queue de fer! Que diable veut-il faire avec sa queue de poêle? Est-ce pour tuer des limaces, des crapauds?

Madame Rognon.

« Oui, *la quille* ? »

> Le Porteur d'eau, sc. iv, dans les Écosseuses,
> p. 112. 1739.

Cette expression paraît avoir ici un sens de
doute, d'incrédulité railleuse ; mais je n'en devine
pas l'origine. Peut-être est-ce une allusion à quelque coup du jeu de quilles, où j'avoue d'ailleurs
ne rien connaître ; peut-être aussi n'est-ce que
pour faire écho à la syllabe finale du mot *difficile*
prononcé par Bourguignon : manière de railler
qui est aussi très-fort dans les habitudes du populaire parisien. En voici un autre exemple :

Margot.

« T'as la gueule bin forte aujourd'hy ; c'est paceque
tes cheveux couleur de feu ont échauffé ta *tête*?

La Blonde.

« Oui, grosse *bête*. »

> Amusemens à la Grecque, p. 15. 1764,

Quinquenove (A.). Aux dez.

> Ne citez plus dans le Palais
> D'autres livres que Rabelais ;
> Jugez le monde à *quinquenove*,
> Qui pourra se sauver, se sauve.

> Remonstrance burlesque au Parlement, p. 7.
> 1649, in-4.

On voit ici que c'est un conseil donné aux juges
de décider des procès, comme Bridoye. *Quinquenove* vient de l'espagnol *cinco* et *nueve*, cinq et
neuf. « Ce jeu, dit Ménage, est venu de Flandres.
En 1663, étant aux eaux de Bourbon-Lancy, je

le vis pour la première fois. » Ce qui n'empêche pas, comme le prouve notre exemple, que ce jeu qui se jouait avec deux dés, était connu quatorze ans auparavant. Scarron dit :

> Avec lui marchoit son fils Lauze,
> Jouvenceau frais comme une rose...
> Rude danseur de tricotets,
> Musicien d'airs et de motets,
> Adroit joueur de *quinquenauve*,
> Mais d'un poil tirant sur le fauve.

Virgile travesti, L. VII.

Quinze-vingt retourné. Aveugle *retourné* à la vue. Au figuré, un homme qui s'abuse, qui voit trouble, et à qui l'on fait voir clair. C'est en ce sens que cette locution est employée dans le passage qui suit :

JÉRÔME.

« Ma foi d'Dieu, ça fait d' bons lurons qui ont l'odeur du gousset (1) chenument forte ; falloit les gruger de la bonne faiseuse.

MARGOT.

« T'a bin fait de n' pas t'y jouer, car ils ont la clef de l'autre monde (2) au c.., et tu aurois pu leur servir de serrure.

JÉRÔME.

« Des bons ! s'ils sont tapageux, j'sommes bacanaleux ; j'nous serions travaillés d'la bonne magnière... Quin, vois-tu ces poings, y n'sont pas d'paille ; quand

---

(1) Voyez Gousset.
(2) Une épée.

j'sommes seul, j'veut être un chien, j'battrois tout le monde.

LA BLONDE.

« Finissez donc, mauvais, crainte qu'on n'vous fasse r'cevoir Quinze-vingt *retourné* (1). »

Ibid., p. 25

R.

RADOT. Ragot, bavardage, conte de portière.

« Ce sont de ces vieux *radots* qu'il faut leur passer.»

La Journée des dupes, comédie, par Puységur et Bergasse, Sc. VIII. 1790.

C'est sans doute une apocope de *radotage*.

RAGOUT DE POITRINE. Les seins.

« T'as encore une belle nature pour parler d'z'autres ! Est-ce parce que j'nons pas d'*ragoût d'poitrine* sus l'estoma ? J'ons la place, plus blanche que la tienne, et j'n'y mettons pas d'chiffons comme toi. »

Amusements à la Grecque, p. 14. 1764.

RAMPONEAU. Ivre.

« Mais il n'est pas si *ramponeau* que je le croyois.»

Le Mariage de Janot, par Guillemain, Sc. II. 1780.

RASOIR (Faire). Oter quelque chose de manière à ce qu'il n'en reste pas la moindre trace. Il ne s'employe qu'impersonnellement : *ça fait rasoir*.

---

(1) Voyez ci-devant CHAMPIGNON RETOURNÉ et DIABLE RETOURNÉ.

« J'savons qu'il y a des couyons ben placés... Pour ceux-là, ça *fera rasoir.* »

> Journal des Halles, N° II, p. 7. 1790.

Mangeux de tout; excepté l'tien,
Car tu n'as rien ; ça *fait rasoir.*

> Riche-en-gueule, p. 17. 1821.

RE, RÉ. Particule prépositive et réduplicative, au moyen de laquelle on donne au verbe un sens itératif, alors même que dans ce verbe, comme reluire, rétrécir, ce sens n'est pas indiqué d'une manière évidente. Elle marque répétition, comme dans redire, revoir, et rétroaction, comme dans réagir, repousser. Elle a encore d'autres applications et d'autres effets pour lesquels je renvoye le lecteur aux grammairiens et au Dictionnaire de M. Littré.

Nombre de verbes ont reçu aussi cette particule sans nécessité, c'est-à-dire sans perdre pour cela leur signification simple, et sans y ajouter. Ils l'ont reçue du langage populaire de qui l'a prise la langue générale, laquelle eût pu lui en prendre davantage, mais qui, témoins les exemples qui suivent, n'a pas eu tort de s'en tenir là.

RECALÉ. Calé, bien fait, bien tourné.

« Tu fich' donc d'la gouaille, monsieur Cadet, avec ta lettre *r'calée*?... J'voulons bin satisfaire ta çuriosité et t'raconter c't'aventure qui m'a prouvé ce p'tit voyage à Marseille. »

> Réponse de La Ramée à la lettre de cadet Eustache, dans les Amusemens à la Grecque, p. 42. 1764.

RECOMPARER. Comparer.

> Mais, morguié, Sire, tous ces gens
> Ne sont cor qu'apprenti-vaurians
> Quant ce viant qu'on les *recompare*.

Harangue des Habitans de Sarcelles au Roi
(juin 1733), dans Pièces et Anecdotes, 1re P^e,
p. 432.

RECONCLURE. Conclure.

« Je consens que Mossieu vote père vienne *reconclure* avec le mien. »

Poissardiana, p. 14. 1756.

REFUMES. Allâmes.

« Nous autres... je fîmes comme les médecins de village, je nous en *refûmes* à pied. »

Les Écosseuses, p. 19. 1739.

REGOUT. Dégoût, déplaisir.

> V'là c'que c'est que d'fair' trop la fière ;
> Falloit pas ly bailler du *r'gout*.

Vadé. Jérome et Fanchonette, sc. XIV. 1755.

Et vous m' donnez t'aujourd'huy ben du *r'goût*.

L'Espièglerie amoureuse ou l'Amour matois,
opéra-comique, sc. II. 1761.

REGOUTER. Dégoûter, rebuter.

« Rien n' les *r'goûte* ; tout leur convient. »

Vadé. Le Paquet de mouchoirs, p. 25. 1750.

On remarquera, dans ces deux exemples, que la particule *re*, au lieu de marquer itération, marque inversion du sens de goût et goûter, et est rétroactive au lieu de progressive.

Il n'en est pas de même dans cet autre exemple où *re* est augmentatif sans raison :

« Je vous parmettons de deviner ce que mon cœur peut *regoûter*, après tant de graciéusetés de votre part. »

Poissardiana, p. 19. 1756.

REGUIGNER. Regarder en guignant.

« Y faillu faize venir le bailleux pour var sen qu'alle avet, qui mit ses béricles, et quand il l'eut ban *guigné, regnigné et reguignezas-tu*, en marmusant queuque oremus qu'y lisoit dans un grimoise : Cousage, cousage, s'diti, etc. » (1)

Nouvelle et suitte de la Cinquiesme partie de l'Agréable Conférence de Piarot et Janin, etc. p. 5.

Ce n'est pas pour le réduplicatif *re* dont la nécessité est ici évidente, que je cite ce mot *reguigner* ; c'est pour la locution dont il fait partie, et qui est une des plus familières au peuple en général. Elle rend plaisamment la répétition ou abusive, ou même quelquefois justifiée d'un acte quelconque, et avec une force qu'on chercherait vainement dans une formule plus régulière et plus grammaticale.

RÉ MA FOI PONS. Voy. NE C'EST.

REMAGNER. Manier brutalement, battre, rosser.

---

(1) Il fallut faire venir le bailleul (chirurgien, rebouteux) pour voir ce qu'elle avait, qui mit ses bésicles ; et quand il l'eut bien guignée, reguignée et reguigneras-tu, en marmottant quelques paroles qu'il lisait dans un grimoire : « Courage, courage, dit-il. »

> Mais quand un chien (1) je *remagne,*
> C'est assez de mes deux bras.

Vadé. Le Paquet de mouchoirs, p. 44. 1750.

RÉMOTIF. Motif.

« S'il est bian du bon vrai que vous vouliez coler vote piau à la mienne (2), par un bon *rémotif*, etc. »

Poissardiana, p. 14. 1756.

REMOUCHER. Espionner, formé de *mouche,* espion.

« Tandis que je le *remouchions* à la Porte Saint-Denis, il est sorti par la barrière des Gobelins. »

Les Boîtes ou la Conspiration des mouchoirs,
par Bizet, sc. III. 1795.

REPOUSSER. Pousser.

« Vous m'dites que vous m'aimez bien... c'est p't'ê-tre d'la gouaille que vous me *r'poussez*? »

Vadé. Lettres de la Grenouillère, lettre IX.

RESPERER. Espérer.

« Je vous prions, Monsieur Nigaudet, d'oublier ce qui sort d'arriver, en *respérant* sur l'avenir. »

Madame Engueule, Sc. IV. 1754.

ROUBLIER. Oublier.

> Que nostre petit roy Louis,
> Son frère et toute sa famille,
> Revienne dans sa bonne ville,

---

(1) C'est-à-dire un individu quelconque.
(2) M'épouser.

Sans *roublier* avec raison
Les plus rutils de la mairon,
Sa mère, son oncle et sa tante,
Et Mamoirelle, sa parante.

Suitte de la Gazette de la Place Maubert, p. 13
1649.

La particule *re* n'a rien à voir ici. C'est l's finale de sans, qui se liant, dans la prononciation populaire, avec la voyelle initiale d'oublier, prend le son de *r*, comme elle le prend ordinairement devant toute voyelle et même dans le corps du mot. Ici encore on en a la preuve, *rutil, mairon, mamoirelle* (1).

ROUTE (Mettre au). Disperser, rompre, détruire.

« Vous avez beau dire..., faut que tout ça soit *f...u au route*, qu'i n'en reste pu miette. »

Le Drapeau rouge de la Mère Duchesne contre
les factieux et les intrigants, Ier Dialogue, p. 10.
1792.

C'est l'ancien mot *roupte* venant de *rupta*, en bas latin déroute, et non pas route, lequel vient de *via rupta*.

RUELLE (Ne pas tomber dans la).

Se dit d'un homme ivre tombé dans le ruisseau et qui ne risque pas, comme s'il était dans un lit, de tomber dans la ruelle.

« Quiéns, en v'là z'un qui *ne tumbera pas dans la ruelle*. »

---

(1) Voyez mon *Etude* sur le patois parisien, p. 210 et s.

Le Mariage de Janot, par Guillemain, Sc. II.
1780.

S.

SAC A DIABLES. Sac à malices.

« Tenés, je sis bon *sac à guiables*, j'vous l'disons,
Monsieur mon père ; je crayons que je n'vous devons
rien pour la façon de notre corporance, »

Lettres de Montmartre, p. 45. 1750.

SALADE DE COTRET. Coups de bâton.

« Je me souvien qu'i me menère chez trois ou quatre capitaines qui leur dirent qu'ils leur ficheroient
une *salade de coteret*. »

Dialogue sur les affaires du temps, p. 4. S. l.
n. d. vers 1748.

SANCTUS. Saing, cachet.

« Ils sont sortis ; le gendarme n'a plus été qu'un
jean-f..., l'officier l'y a f...u son *sanctus*, que le manche (c'est-à-dire la garde) de son épée l'y faisoit un
emplâtre. »

Journal de la Rapée ou Ça ira, N° III, p. 7.
1790.

On n'a pas besoin d'avoir fait ses études pour
savoir que *sanctus* veut dire saint, et réciproquement. Il suffit d'avoir récité ses prières, au moins
dans son enfance, et assisté aux offices de l'église
pour ne pas l'ignorer. Or, saint et seing ayant le
même son en français, durent recevoir en latin la
même traduction ; c'est de la logique populaire.
Cela étant, le seing de l'officier est cette même
garde de l'épée, que son adhérence à la peau du
gendarme fait aussi justement comparer à un
emplâtre.

Satou. Bâton, gourdin.

« Un fier *satou* au service d'ceux-là qui n'se senti-
ront pas la force de s'gratter eux-mêmes. »

Le Paquet de mouchoirs, p. 51. 1750.

On disait *saton*, ainsi qu'il est écrit dans des
Lettres de grâce de 1403 (1).

Sçavons (Je) ce que je sçavons, et si je ne sommes pas marchand de savon.

Cette façon d'affirmer, en présence d'une personne incrédule, qu'on sait fort bien telle ou telle
chose, est dans les *Ecosseuses*, p. 106, et dans
Blanc et Noir, sc. ix, parade qui est au tome II,
p. 260, du *Théâtre des Boulevards*. C'est une
espèce de jeu de mots par analogie de sons, très-
commune comme je l'ai déjà dit, dans le langage
populaire parisien, et dans d'autres aussi.

Sein qui se cache (Par)! Espèce de jurement.

> *Par Sein qui s'cach'*, mon bon seigneur,
> V'là qui sort de sa létargie ;
> Je commence à m'apparcevoir
> Que ma prière est inficace.

Les Citrons de Javotte, p. 7. 1756.

Ce *Sein* est un saint ; c'est Saint Gilles qui
donna lieu au dicton *faire gilles*, c'est-à-dire fuir
et se cacher, « pour ce que, dit Béroalde de Ver-
ville (*Moyen de parvenir, Chapitre général*), il
s'enfuit de son pays, et se cacha de peur d'être fait

---

(1) Du Cange, éd. Didot, au mot *Sapellata*.

9

roy. » Il va de soi que cette locution n'est dans aucun recueil de proverbes.

Sein n'est pas même, à la rigueur, une faute d'orthographe, c'est une forme bourguignonne : « Ceu fu faet el jor *sein* Berthremieu lapostre, etc., » est-il dit dans une charte de Renaud, comte de Bar, en 1118, citée dans les *Élements de paléographie* de M. N. de Wailly, t, I, p. 160.

Sellette a criminel. Prostituée à l'usage des coquins.

Je veux te procurer un habit de vestale
Pour une année au moins au Temple de la gale (1).
Selette à criminel, matelas ambulant.

> Amusemens à la Grecque, p. 3, 4. 1764.

Serviette (coups de). Soufflets.

«Le commissaire l'a déjà menacé pour m'avoir donné des *coups de serviette*. »

> Il y a remède à tout, par Compigny, sc. IX. 1783.

Soupe-tout-seul. Misanthrope.

« Je les entendois dire entre elles, parlant de moy : C'est un ry-gris (2), un loup-garou, un *soupe-tout-seul*. »

> Les Maistres d'hostel aux Halles, p. 108. 1671.

T.

Tabac en fumière. Tabac à fumer.

---

(1) La Salpétrière.
(2) Ou rit gris, c'est-à-dire triste et maussade.

TABAC EN RAPIÈRE. Tabac en poudre.

« Donne-moi un peu d'*tabac en fumière*. — J'n'ai qu'du *tabac en rapière*.

> Le Déjeuner de la Râpée, p. 11. 1755.

TALON DANS LE C.. (Se donner du). Marcher en levant haut le talon, pour marquer le pas d'une manière sensible ; parader.

« Sois gaillarde, *donne-toi du talon dans le c..* »

> Les Écosseuses, p. 90. 1739.

« Tout ça c'est bon pour s'aller *donner du talon dans le c..* à une parade, pour s'quarrer avec d'belles épaulettes.

> Le Drapeau rouge de la Mère Duchesne, p. 19. 1792.

TALON (Faire tête du). Fuir.

« Il ne s'y est rien passé de dangereux, et je crois que si ce malheur fût arrivé, vous auriez vaillamment *fait tête du talon*. »

> Le Cavalier crotesque, dans les Maistres d'hostel aux Halles, p. 175. 1671.

TAMPONNE (Faire la). Se régaler, faire bonne chère.

PASSANDRE.

« Tien, Gilles, va-t-en à la boucherie ; j'ai parlé au boucher, il te donnera pour notre souper deux aloyaux et deux bons foies de veau : tu mettras au milieu un dindon de garenne, un cochon de lait, un agneau, un...

GILLES.

« Parguenne, note maître, vous qui êtes un vilain et un ladre, queux raisons avez-vous de nous faire *faire la tamponne* ? »

L'Amant poussif, parade, par Collé, sc. 1, dans le Théâtre des Boulevards, t. II, p. 28.

Tapin (Ficher le). Importuner, harceler.

« Des embaucheurs pourroient bien,... comme on dit dans le peuple,.. l'obliger de s'enrôler, à force de lui *ficher le tapin.* »

Quelques aventures des bals de bois, p. 43. 1745.

Tapin, en langage populaire, veut dire celui qui bat du tambour; mais ce n'est pas ici sa signification. En patois genevois, *tapin* est un coup de la main, une tape. Les Parisiens l'entendaient alors ainsi. Les raccoleurs étaient fort brutaux, et c'est souvent par des arguments tirés de leurs poignets qu'ils avaient raison des raccolés que les peintures des délices de la vie militaire n'avaient pas suffisamment convaincus.

« Vous mériteriez que je vous foutisse un *tapin,* vieux bougre d'ableur. »

La Guinguette patriotique, ou Dialogue entre les nommés Craquefort, colporteur de Paris, La Verdure, ancien grenadier, le père Colas, laboureur, Réo, maçon, p. 14, 13 juin 1790.

Tas (Tout-sus le). Tout-à-coup.

Palsanguié, j'avions-t-il pas glieu
De croire que ce bon apôtre
Feroit mieux son devoir qu'un autre ?
Qu'il s'en iroit du même pas
Vous avartir *tout-sus le tas* ?

Harangue des Habitans de Sarcelles au Roi, juin 1733. Dans Pièces et Anecdotes, 1re partie, p. 420.

Tas de pierre. Prison.

« Je m'en vais cheux le commissaire, pour qu'il fasse mettre Janot dans un *tas de pierres.* »

> Le Mariage de Janot, par Guillemain, sc. xix. 1780.

TERRINE (Être dans la). Être ivre.

« C'est l'père Cornet qu'*est dans la terrine.* »

> Le Café des Halles, par un anonyme, sc. vii. 1788.

TIREZ BAS ET GARDEZ LA VUE

ou

TIRE BAS, DE PEUR DE LA VEUSE.

Expression proverbiale dont les citations qui suivent, aideront peut-être à découvrir le sens.

Dame BARBE.

Comère, alons, à ta santé.

Dame DENISE.

Ma foy, de bonne volonté.

Dame BARBE.

> *Tirez bas et gardez la veuë.*
> Comme tu fais le cou de gruë !
> Assurément, il est fort bon.

> La Gazette de la Place Maubert, p. 8. 1649.

Ce vin, pour être bon, paraît bien, aux efforts que fait dame Denise, n'avoir pas été des plus commodes à avaler.

PIAROT.

« Passe, passe ; à la garre (guerre) comme à la garre. Baille-moy don à boize dans ste sbille (sébille), car j'enrage de seu (soif). A tay, Janin.

JANIN.

« *Tire bas, de peur de la veuse.* »

Cinquiesme partie et Conclusion de l'Agréable
Conférence de deux païsans, etc., p. 4. 1649.

Je comprendrais que s'il s'agissait d'un exercice d'escrime, l'un des deux adversaires dît à
l'autre : « Tirez bas, de peur de me donner dans
les yeux » ; mais il s'agit ici de deux buveurs dont
l'un verse à l'autre qui boit : tire bas, etc. ; ce
que je ne comprends plus. Je le laisse à deviner
à de plus habiles que moi.

Toupet (Parties de). Rixes où l'on se prend
aux cheveux.

« De là... les *parties de toupet*, les yeux pochés et
tout ce qui s'en suit.

Cahier des plaintes et doléances des dames de
la Halle, t. ii, p. 8. 1789.

Tour du baton. Profit licite ou illicite résul-
tant d'une opération commerciale ou industrielle,
de l'exercice d'une fonction. Dans un très-grand
nombre d'affaires, on stipule, sous les noms
d'épingles, de pots de vin et autres, le *tour du
bâton*. L'un des contractants l'exige, l'autre y
consent ou le refuse ; mais, consenti ou refusé, on
peut être sûr que le tour du bâton sera toujours à
quelqu'un. Il n'y a guère de transaction faite et
parfaite qu'à ce prix.

M. Quitard estime que ce dicton est une allusion au bâton des juges suppléants qui, lorsqu'ils
remplaçaient les juges ordinaires, au temps de la
féodalité, grévaient les plaideurs de quelque
dépense surérogatoire que ces seigneurs mêmes
partageaient avec eux. Il se pourrait que ce dicton
fût applicable au fait ici allégué, s'il n'était, comme

je le crois, facile à prouver qu'il tire son origine d'ailleurs.

Borel le fait venir de *bas* et de *ton*, « parce que, dit-il, on promet tout bas et dit à l'oreille de celuy avec qui l'on traite, que, s'il fait reuissir l'affaire, il y aura quelque chose pour luy au delà de ses prétentions. » Borel devine quelquefois mieux que cela ; mais il y a dans cette trouvaille, de quoi discréditer toutes les bonnes.

« C'est, dit Moisant de Brieux, une allusion au bâton du maître d'hôtel. » Mais j'entends les cuisinières réclamer au nom de l'anse du panier.

Vous n'y êtes pas, s'écrie Lamonnoye, « il s'agit du petit bâton avec lequel les joueurs de gobelet exécutent leurs tours de passe-passe. »

Allez encore, dit Bayle (1), et ajoutez que « l'ancien proverbe *virgula divina*, notre phrase commune, le *tour de bâton*, et ce que tous les joueurs de gobelet disent à tout coup, *par la vertu de ma petite baguette*, semblent tirer leur origine de l'usage fréquent que la tradition commune donne au bâton des sortiléges. »

« C'est, dit plaisamment Arlequin, la gratification que reçoit un auteur en sus du profit qu'il tire de sa pièce, et qui lui est payée par quelque grand seigneur, en retour d'expressions trop libres dont il s'est servi à son égard. » Fréron, Desfontaines et d'autres encore ont accepté bon gré mal gré ce genre de gratification, et le dirai-je ? Voltaire, qui s'est tant moqué d'eux à ce sujet,

(1) Au mot *Abaris*.

Voltaire, lui-même, a été gratifié de la même
manière par le jeune duc de Sully.

J'omets bien d'autres explications de ce terme,
tellement que de tous ces bâtons on finirait par
former un fagot.

L'origine de ce dicton est toute fiscale, comme
celle d'un nombre infini de locutions où le souvenir de taxes levées sur le peuple, aux temps féo-
daux, a survécu à l'abolition de ces mêmes taxes.

Le *tour*, en bas latin *turnus* et *turninus*, était
une mesure ou plutôt ce qui la dépassait. C'était
aussi le nom de l'impôt, soit en nature, soit en
argent, qu'on prélevait sur elle.

Il est dit, dans un marché passé en 1351, entre
l'abbé et les moines de Grasse, que, « chaque
année, à l'Assomption, on payera quarante setiers
de beau et bon froment avec ses *tours (cum suis
turnis)* (1). »

Ce qu'on appelle ici *tours* venait d'un usage,
encore en vigueur dans les marchés où le blé se vend
au détail, qui consistait à niveler le blé avec
un bâton ou rouleau de bois, au ras des bords de
la mesure qui le recevait. Cette mesure était le
boisseau ou ses divisions. Tout le surplus du blé
qui tombait sous la pression du rouleau, était
proprement le produit du tour de bâton, le *tour
du baton* lui-même. Ce surplus sans doute eût
été peu de chose, si, dans cette circonstance, le
paysan n'eût pris conseil que de son intérêt ; mais
notre homme avait à compter avec un personnage

---

(1) Du Cange, éd. Didot, au mot *Turnus*.

qui entendait le sien aussi bien que lui, et qui, de plus, avait le pouvoir de le faire pendre haut et court, s'il lui faisait tort de quelque poignées de grain, et si, comme il y était obligé, il ne remplissait pas le boisseau de manière à ce que la part du bâton fût aussi large que possible. Ce personnage était le seigneur. Il avait ses agents dans les marchés, qui surveillaient le mesurage, et l'on va voir que cette surveillance était même exercée par ses mains.

Dans une charte de l'an 1331 (1), on lit :

« Item, disoient encore que des *ruiz* qui à eulx appartenoient, à eulx appartenoit l'imposition à faire par leur gent et l'exécution du lever.... Quant aux *ruiz* qui audit seigneur et à sa femme appartiennent, li maires dudit priorté sera appelez au faire les deux *ruiz*, c'est assavoir aux deux *ruiz* qui audit seigneur et sa femme appartiennent chascun an, et seront levé et payé audit seigneur et sa femme par la main du mayeur doudit priorté. »

Le *ruiz* était la même chose que le *tour*, car on disait le *ruy*, le *ru* et le *rouilz* (en latin *rotulus*) *du baston*. Appliqué au blé d'abord, le *ruiz du baston* le fut ensuite à quantité d'autres denrées alimentaires mesurables ou non.

« Et si povoit et avoit accoustumé ladicte dame d'avoir le *ruy de baston* aux gélines et poulaille, et en prendre en ladicte ville, quand bon luy sembloit, parmi certain pris d'argent qu'elle en devoit pour ce paier pour chascune géline ou poulaille (2). »

---

(1) Du Cange, éd. Didot, au mot *Rova*.
(2) Lettres de Charles VI, dans le tome X, p. 63, des *Ordonn. des rois de France.*

Cette dame était Catherine de Grancey, dame de Cussey et de Loches. On voit ici qu'elle payait le tour du bâton. Cela paraît contredire la règle qui faisait de ce tour un impôt. Mais remarquez, je vous prie, ce *quand bon lui sembloit* ; là est l'explication de cette contradiction apparente. Elle signifie ou que la bonne dame était au régime de la viande blanche, principalement de la volaille, ou que l'accroissement et train de sa maison exigeaient un accroissement de consommation de cette denrée ; qu'en conséquence, et le *tour de bâton* ordinaire, à savoir celui auquel elle avait droit gratuitement, ne lui suffisant pas, elle se réservait de le prendre, *quand bon luy sembloit*, à la charge de payer ce supplément. Loin donc de détruire la règle, cette exception la confirme.

Certain comte de Champagne dont un état des revenus est cité dans Du Cange, au mot *Rotulus*, établit un marché « pour raison duquel le sire prent le *rouilȥ* des toilles et le pois (poids). » Notez qu'il dit qu'il le prend, et il le fait comme il le dit. Si l'on s'exprimait toujours aussi clairement dans les contrats, il n'y aurait jamais de procès.

Dans ces deux derniers exemples, l'un de la volaille, l'autre de la toile, il s'agit bien d'un surplus, c'est-à-dire d'une quantité de la marchandise autre que celle soumise légalement à l'impôt. On a depuis appliqué ce mot à tout profit qui n'est pas régulier et dans toutes les professions.

D'après tout ce qui précède, on conviendra peut-être que le tour du bâton ne doit rien ni au bâton des juges suppléants de l'époque féodale, ni à celui de maître d'hôtel, ni à celui de l'escamoteur ; il n'a pas davantage, ou plutôt il a moins encore l'origine ridicule que Borel lui donne. Si la solution que je propose paraît contestable, on doit convenir aussi qu'elle a plus de vraisemblance que tous les autres, et repose sur des fondements plus solides.

Toxon. Homme qui a des prétentions à la beauté et à l'esprit, et qui est sot et laid.

« Si tu n' tires pas tes guêtres d'ici, j'boxons, vilain *toxon*, soldat de Satan. »

> Riche-en-gueule, p. 51. 1821.

Il paraît qu'aujourd'hui on appelle *tocasson*, une fille de mauvaise vie qui a des prétentions aussi peu justifiées que celles du *toxon*.

Trains (Petits). Petits ouvrages à la main destinés à un usage religieux.

> Vendre chapelets, oraisons,
> *Petits trains*, petits reliquaires,
> Cordons, ceintures, scapulaires, etc.

> Harangue des Habitants de Sarcelles au roi. Juin 1733. Dans Pièces et Anecdotes, Irᵉ partie, p. 427.

Trait-carré. L'absolution donnée au pénitent par le signe de la croix.

> Quand une femme emmitouflée
> Ira conter sa râtelée
> A queuque vicaire ou curé,
> Pour recevouar le *trait-carré*.

> Première Harangue des Habitants de Sarcelles à Mgr l'archevêque de Sens. Avril 1740. Dans Pièces et Anecdotes, Irᵉ partie, p. 295.

Le trait carré, au sens propre, est une ligne qui en coupe une autre à angles droits. C'est ce qui a lieu quand on se signe.

TRIPES (Porter son argent aux). Acheter des objets qui coûtent peu de chose ou plutôt qui ne coûtent rien.

« Allez, de par tous les guiébles, *porter votre argent aux tripes.* »

> Nouveaux compliments de la Place Maubert, des Halles, Cimetière Saint-Jean, etc. 1644. Réimprimé dans le tome IX, p. 229, des *Variétés Historiques*, par M. Ed. Fournier.

« Va, va, Joannes, *porte* ton liard *aux tripes.* »

> Les Contes et joyeux devis de Bon. des Dériers, Nouvelle LXV.

C'est une apostrophe lancée par les harangères aux dames qui prenaient la liberté de marchander leur morue.

TRONCHINADE. Mets rôti que je ne saurais désigner, mais qui sans doute doit son nom au docteur Tronchin, médecin alors à la mode, soit qu'il ait été inventé par lui, soit qu'il en ait été le mets favori, soit enfin que le véritable inventeur l'ait baptisé de ce nom pour lui donner plus de vogue.

CASSANDRE.

« Qu'est-ce que vous donnerez, notre hôte ? »

ARLEQUIN.

« Ce qu'il vous plaira, une *tronchinade*, par exemple, si vous voulez, avec une bouteille de vin, à la broche. »

Léandre ambassadeur, sc. xv, dans le Théâtre des Boulevards, t. III, p. 95. 1756 (1).

TRUYE (Fils de).

Se disait d'un individu qui prend la fuite, c'est-à-dire qui *file,* par allusion à la *Truye qui file,* enseigne célèbre à Paris, vers le milieu du XVIIe siècle.

> J'ay cru que nostre arrest d'oignon (2)
> Me porteroit un jour guignon.

---

(1) On ne perd pas toujours son temps à lire un sot livre. Je viens d'en lire un, qui a pour titre : *Poëme sur la cabale anti-encyclopédique, au sujet du dessein qu'ont eu les Encyclopédistes de discontinuer leurs travaux.* Genève, 1758, in-12, Il est d'un M. de Sauvigny, auteur du *Poëme sur la religion révélée,* compris dans le même volume que l'autre et qui le précède. J'ai trouvé à la page 59, sur ce joli vers :
Se coiffer doublement d'un inoculateur,
la note qui suit :
« Du temps que l'inoculation a été le plus en vogue, Tronchin qui était l'inoculateur à la mode, a eu la gloire de voir toutes nos petites maîtresses, en habit à la Tronchin, aller les matins *tronchiner :* on voulait par là dire se promener. » *Tronchinade* voudrait donc dire promenade. Nous voilà loin de mon rôti. S'il signifie promenade, la réponse d'Arlequin n'est plus qu'un amphigouri. Mais, outre qu'il n'en est rien, cette réponse étant ce qu'elle devait être de la part d'un hôte à qui l'on demande ce qu'il a en son garde-manger, il est certain que quantité de choses ou nouvellement inventées ou renouvelées, dans ce temps-là, étaient dites *à la Tronchin.* Les chapeaux, les bonnets, les vêtements, etc., recevaient cette qualification, et il n'y a pas de raisons pour qu'un mets nouveau ou un mets apprêté d'une nouvelle manière, ne l'ait pas reçue également. Donc ma remarque subsiste, comme dit Dacier.

(2) Union.

Pour cela (c'est un *fils de truye*)
Mon Éminence s'est enfuie.

> Humble requeste de son Éminence adressée à
> Messieurs du Parlement, p. 4. 1649.

Ce qui est entre parenthèses est la réflexion de
l'auteur de la pièce, bien entendu.

Truye-au-lait. Triolet.

« A proupou d'ça, le clar de note proculeux me
bayi ce caresme un biau vers qui lomet (nommait) une
truye-au-lait. »

> Cinquiesme partie et Conclusion de l'Agréable
> Conférence, etc., p. 11.

On a déjà vu ailleurs de ces analogies ou de ces
imitations de son chères au populaire.

U.

Usurier-fruitier. Usufruitier.

« Il est propriétaire d'une ferme dont son neveu est
l'*usurier-fruitier.* »

> Le Déjeuner de la Râpée, p. 19. 1755.

V.

Vanner. Aller, partir.

« C'est dit, Javotte, tu peux *vanner ; vanne, vanne.*»

> Le Galant savetier, par Saint-Firmin, sc. 1.
> 1802.

> . . . . . . Mais copères,
> *Vannons* avec nos trois commères.

> L'Ecuelle, poëme, chant Ier, dans le Petit neveu
> de Vadé, p. 30. 1791.

J'men allois ; garre à vous. Rang'toi d'là ;
Faut que j'*vanne.*

> Ibid., chant III, p. 60.

Quoi ! tu n't'apperçois pas qu'eun'charogne t'infecque :
Allais, mon cher Monsieur, croyais-moi z'et *vannais* ;
Je vous aimons ben, mais vout haleine est suspecque.

Etrennes, dans le Petit neveu de Vadé, p. 69.
1791.

C'est une forme analogique. *Je va, tu vas, il va,* entraînant nécessairement *nous vanons, vous vanez, ils vannent,* et ainsi pour tous les autres temps.

Peut-être, dira-t-on, ne s'agit-il que du verbe *ner,* ou faire sortir les ordures du blé, en le vannant : ce qui serait un synonyme de partir, et un euphémisme de ficher le camp. Mais je préfère la première explication et je la crois la bonne.

VENIR DE POUR. Revenir de quelque part, après ou sans avoir rempli le but qu'on s'était proposé.

« Je *viens de pour* rentrer cheux nous; les gardiens y sont. »

Les Cent écus, par Guillemin, sc. XI, 1783.

VESPASIEN (Noir comme un).

Madame CASSANDRE.

« Mais ciel ! barbare, que trouvez-vous donc dans ma fille ? Elle est mal élevée, elle est sèche comme un brandier (1), *noire comme un Vespasien...* en un mot elle n'a point... etc.

LEANDRE.

« Mais, Madame, puisque je l'aime à cette sauce-là. »

---

(1) *Brandieux,* homme réduit à un état de maigreur extrême par la dyssenterie.

La Mère rivale, parade, sc. ii, dans le Théâtre
des Boulevards, t. III, p. 145. 1756.

Cette locution vient, je crois, de ce qu'au temps
où cette parade fut écrite, il y avait très-probablement au musée de sculpture, un buste noir
représentant Vespasien. Aux xvie et xviie siècles, on aimait le marbre de cette couleur, dont
les anciens se servaient pour faire des portraits.

Veuve J'en Tenons (Etre logée chez la). Être
enceinte.

« Et si! mon enfant, tu dis toujours la même tur-
lure. Eh bien, *tu es logée chez la veuve J'en tenons?*
Voyez le grand malheur! Si toutes les filles se pen-
doient pour ça, vraiment, il n'y auroit pas tant de
femmes mariées. »

Les Écosseuses, p. 89. 1739. — Quelques
Aventures des bals de bois. p. 30. 1745.

Vidi aquam (Le chemin de). La fuite. Vidi
aquam (Faire). Fuir.

D'Aumont, dans ce mesme moment,
Voulut avec bonne escorte
Du grand Chastel saisir la porte;
Mais il fut bientost rechassé,
Et par après bien repoussé
Avec Biron dans la Calandre,
Où on leur fist bientost apprendre
Le chemin de Vidi aquam,
Sous peine d'un bon Requiam.

Récit véritable de ce qui s'est passé aux barricades de 1588, depuis le 7 mai jusqu'au 1er juin
en suivant, p. 12, 1649.

« Vous ferez beaucoup plus que le preux et vaillant

Achille, car il est mort par le talon, et les vostres (1) vous sauveront la vie, en *faisant Vidi aquam*, l'eau béniste de Pasques. »

La Comédie des Proverbes, Act. III, Sc. III. 1633.

C'est une allusion à l'antienne qu'on chante le jour de Pâques, lors de l'aspersion de l'eau bénite et qui est ainsi conçu

Vidi aquam egredientem de templo a latere dextro, alleluia ! omnes ad quos pervenit aqua ista salvi facti sunt, et dicent alleluia ! alleluia !

« J'ai vu sortir de l'eau du côté droit du temple, et tous ceux qui ont été mouillés de cette eau, sont sauvés, et diront *alleluia !* »

Mais l'allusion serait incompréhensible, si l'on n'y démêlait un jeu de mots qui lui donne toute sa clarté, et qui porte sur les termes *salvi facti sunt*. En effet, ne dit-on pas de ceux qui fuyent, qu'ils *se sauvent* ? La traduction n'est pas exacte sans doute, mais on n'y regarde pas de si près dans un jeu de mots.

VISTACHE (Sainte). Saint Eustache.

« Enfen, la Guieu grâce et Madame *Sainte Vistache*, je l'avons échappé belle. »

Troisiesme partie de l'Agréable conférence de deux païsans de S. Ouen et de Montmorency, p. 3. 1649.

Beaucoup de paysans des environs de Paris, et sans doute aussi une partie du peuple de Paris,

---

(1) Vos talons.

prenaient alors saint Eustache pour une sainte. L'obligation où l'on est de faire sentir, dans sa prononciation, la liaison du *t* final de *saint* avec la voyelle initiale d'*Eustache*, et cette même liaison ayant pour effet de donner à l'adjectif masculin saint le son de son féminin sainte, telles étaient les causes de cette méprise.

Y.

Yvoires. Dents.

« Nous voicy entrez bien avant, sans chaussepied, dans les sandales du Caresme, ce grand colosse descharné qui, tenant de l'humeur des Portugais, ne veut point de cure-dent pour escurer ses *yvoires*, après son repas. »

> Les de Relais, ou Purgatoiré des bouchers, chaircutiers, poullayers, patisiers, cuisiniers, joueurs d'instrumens, comiques et autres gens de mesme farisne, p. 2. S. D.

Yvrer (s'). S'enivrer.

> De vous aussi ne voulons brin
> Qui tenant du vin du pourceau,
> Vous *yvrés* et dormez soudain
> Comme porcs après le morceau.

> Lettre d'Escorniflerie et Déclaration de ceux qui n'en doivent jouyr, p. 56. S. D.; dans Variétés historiques et littéraires, publiées par M. Ed. Fournier, T. IV, p. 47.

FIN.

ADDITION au mot EUSTACHE.

J'ai reçu trop tard pour en faire usage à sa place, l'extrait suivant d'un travail publié par M. Servoix, dans la *Revue de Saint-Etienne* de 1834.

« On ne fabrique plus à Saint-Etienne ou presque plus, l'eustache connu sous le nom de *Gros eustache,* et dont les différentes variétés commerciales portaient les dénominations de *Damillon, Passe-Damillon, Grand* et *Passe-grand.* L'usage de ces couteaux a été remplacé par celui des couteaux de Thiers, et n'existe plus que dans les parties de l'Espagne les plus arriérées, dans le Portugal et dans la Basse-Bretagne.

« La seule fabrication importante est celle des menus eustaches ou Millème, Million, Petit, Passe-petit, Très-passe-petit. Ce sont les seuls en usage aujourd'hui chez nos écoliers, et c'est depuis peu qu'ils sont terminés par un sifflet. Cet eustache se vend trois centimes, deux tiers.

« Le manche en buis se fait à Saint-Claude, d'où il vient tout découpé, tourné, percé en sifflet, bariolé, et vaut sept millimes, c'est-à-dire 1 fr. la grosse.

« La lame est faite avec de l'acier fabriqué à Rives, en Dauphiné, acier *ad hoc,* qui tient le milieu entre l'acier et le fer : c'est de la lame d'eustache ; voilà son nom.

« A Saint-Etienne on fait la lame, et on l'ajuste au manche. Elle a été étirée, forgée, percée, coupée, marquée, dressée, retrempée, réchauffée, replanée, puis aiguisée ou ébourrée, éffilée, rognée, polissée, graissée, ajustée, clouée et rivée. Les rosettes qui fixent la lame au manche coûtent deux liards le cent.

« La lame seule coûte sept millimes pour le métal, six millimes pour le forgeage, et autant pour l'aiguisage : ce qui fait dix-neuf millimes. Le montage revient à quatre millimes, y compris le clou et les deux rosettes. Ajoutez les sept millimes du manche, et vous arriverez au total de trente millimes ou trois centimes. Les 2/3 de centime restant pour atteindre le prix de l'eustache, sont attribués à l'emballage, aux frais de bureau, de commis, de patente, de loyer, de port de lettres etc., et au bénéfice. Et cette industrie a enrichi plusieurs maisons !

« Il y a eu des fabricants célèbres dans les eustaches : d'abord, leur fondateur Eustache qui florissait on ne sait dans quel temps; après lui, les Avril, les Bigalion, les Renodier, les Peyret, les Mouchon, les Descos et autres. »

De cette notice très-intéressante d'ailleurs, il résulte que si un Eustache fut en effet l'inventeur des petits couteaux de ce nom, on ignorait encore en 1834 quel est ce personnage et quand il a vécu. Nous ne serions donc pas plus avancés à ce sujet qu'on ne l'était alors et hier même, si des renseignements qui m'ont été communiqués (1),

---

(1) Je les dois à l'aimable obligeance de M. Louis Merley, né à Saint-Etienne, graveur extrêmement distingué, et auteur entre autres de la charmante figure de la République qu'on voit sur les pièces de 20 francs de 1848.

en même temps que la notice, par une personne
en mesure d'être mieux informée, ne jetaient un
peu de lumière sur ces obscurités. On voit en
effet parmi les fabricants d'eustaches désignés ci-
dessus, qu'il y en eut un du nom de Peyret. Or,
ce Peyret avait pour nom de baptême Eustache et
il vécut, dit-on, vers le milieu du XVIIIᵉ siècle.
La date est encore un peu vague, mais l'existence
de ce Peyret est hors de doute, car il eut pour
petit-fils Eustache Peyret-Dubois, qui fit des
couteaux comme son aïeul, et qui a laissé des
descendants dont quelques uns ont été connus
autrefois par des natifs de Saint-Etienne aujour-
d'hui vivants. On ajoute que c'est probablement
Eustache Peyret-Dubois à qui, sous le nom abrégé
d'Eustache Dubois, on attribua l'honneur d'avoir
donné son prénom à ce genre de coutellerie,
encore que son aïeul y eût eu plus de droits que
lui.

Que conclure de tout cela ? C'est que si quelque Stéphanais, curieux de l'histoire de sa ville,
et ayant du loisir, prenait la peine de feuilleter,
dans les paroisses de Saint-Etienne, les registres
des naissances, des morts et des mariages, depuis
environ deux cents ans, il y recueillerait certainement et avec des dates précises, les noms, les
alliances et la filiation qui regardent les familles
Peyret et Dubois, et l'on ne serait plus réduit,
ainsi que le fut M. Servoix, à parler de leur auteur
comme d'un homme dont l'existence se perd dans
la nuit des temps, et de plus à se demander presque
si les couteaux qui portent son nom, ou le lui ont
donné, ou l'ont reçu de lui. J'ajoute qu'on n'aurait

plus, comme il m'est arrivé à ce sujet, la tentation de chercher dans le domaine des conjectures, la clef de certaines difficultés qui se résolvent d'elles-mêmes dès qu'on connaît la source qui seule peut la donner.

———

CATALOGUE DES ÉCRITS

POUR L'ÉTUDE DU PATOIS PARISIEN.

I.

OUVRAGES INTÉGRALEMENT OU POUR LA PLUS GRANDE
PARTIE, EN PATOIS PARISIEN.

AGRÉABLE CONFÉRENCE DE DEUX PAÏSANS DE SAINT-
OUEN ET DE MONTMORENCY SUR LES AFFAIRES DU
TEMPS, 1649, 1650, in-4. Huit pièces. (Voyez-en la
description et l'analyse dans mon *étude sur le langage populaire de Paris* (1872), p. 324 à 354.)

AMUSEMENS A LA GRECQUE, OU LES SOIRÉES DE LA
HALLE, PAR UN AMI DE FEU VADÉ; AVEC QUELQUES PIÈ-
CES DÉTACHÉES TANT EN VERS QU'EN PROSE DU MÊME
AUTEUR. A Athènes, dans le tonneau de Diogène, et
se vend à Paris, chez Cuissart, in-12, 1764.

AMUSEMENS RAPSODI-POÉTIQUES CONTENANT LE GA-
LETAS, MON FEU, LES PORCHERONS, POÈME EN VII
CHANTS, ET AUTRES PIÈCES. A Stenay, 1773, in-12.

ARRÊTÉ DES HABITANS DE LA GRENOUILLÈRE, DU
PONT-AUX-CHOUX, DE LA RAPÉE ET DU GROS-CAILLOU,
adressé à la nation. S. l. n. d. (1789), in-8.

Pièce en vers et en vingt-cinq couplets. Chaque
couplet est un article de l'Arrêté.

BOUILLIE (LA) POUR LES CHATS, en prose. Paris,
1790, in-8.

BOUTE-EN-TRAIN (LE) DES ECOSSEUSES ET DES MAR-
CHANDES D'ORANGES, SCÈNES POISSARDES ET BOUFFONNES...
OUVRAGE POSTHUMES DE GUILL. VADÉ. S. d., in-12.

CAHIER DES PLAINTES ET DOLÉANCES DES DAMES DE
LA HALLE ET DES MARCHÉS DE PARIS, rédigé au grand
salon des Porcherons, pour être présenté à messieurs les États généraux. Onzième impression ;
qu'on a ravaudé, repassé et ajusté de son mieux,
pour afin de le rendre plus long et mieux torché.
Où l'on parle sans gêne de plusieurs personnes qui
se le sont attiré, de plusieurs choses arrivées, il n'y
a pas longtemps, et de la prise de la Bastille. Écrit
à l'ordinaire par M. Josse, écrivain à la Pointe-Saint-
Eustache. — Août 1789, in-8.

CITRONS (LES) DE JAVOTTE, HISTOIRE DE CARNAVAL (en
vers). Amsterdam, 1756, in-12.

COMPLIMENT DE LA CLÔTURE DE LA FOIRE SAINT-
LAURENT, suivi de celui de la Foire Saint-Germain
de la même année. Tous deux chantés à la fin de
Jérôme et Fanchonnette, pastorale en prose mêlée de
couplets, le 6 octobre 1755. Par Vadé.

COUP (LE) DE GRACE DE L'ARISTOCRATIE, ou Dialogue
entre madame Mille-Gueule , Boit-sans-Soif... et
autres citoyens du brave Tiers-État, à leur retour de
Versailles. S. l. n. d. (1789).

LE DÉJEUNÉ DE LA RAPÉ, OU DISCOURS DES HALLES
ET DES PORTS. (Paris, 1755, in-12), imprimé d'abord
sous les titres de : L'ÉCLUSADE, OU LES DÉJEUNERS DE
LA RAPÉE (1748, in-8) ; POISSARDERIES, OU DISCOURS
DES HALLES ET DES PORTS (1749, in-8).

DÉJEUNER (LE) DES HALLES, ou Accords de mariage
entre Claude L'Echapé , Michel Noiret, charbon-
niers, avec Suson Vadru, Marianne Ravin, reven-
deuses de fruits sur des inventaires. L'on trouvera
dans cette petite pièce des vers, des chansons et de

la prose ; le tout rendu dans l'idiome des ports et des halles. S. l. 1761, in-12.

DESSERTS DE PETITS SOUPERS AGRÉABLES, dérobés au chevalier du Pélican (1), auteur du *Déjeuné de la Râpée*. Poème gaillardi-poissardi-marini-ironi-comique. — De l'imprimerie de La Joye. 1755, in-8.

DIALOGUE ENTRE LE PÈRE LA GREFFE, CITOYEN ACTIF DE MONTREUIL, ET LA MÈRE BONCHRÉTIEN, SA COMMÈRE, AU SUJET DES ASSIGNATS. S. d. (1790), in-8.

DIALOGUE PAS MAL RAISONNABLE ENTRE UN ANCIEN COMMIS DE BARRIÈRE, UN PASSEUR, UN COUVREUR, UN CHARPENTIER ET UNE DAME DE LA HALLE. S. l. n. d. (1790), in-8.

DIALOGUE ENTRE DEUX POISSARDES SUR LA PRISE DU FORT SAINT-PHILIPPE. S. l. n. d. (1756), in-4.

DIALOGUE SUR LES AFFAIRES DU TEMPS ENTRE M. FRINGAU, SAVETIER VRELU, MADAME TROGNON, MARCHANDE DE POMMES CUITES AU FOUR, ET LA MERLUCHE, MILICIEN DE PARIS.

Ce Dialogue est à la fin des *Écosseuses*, de l'édition de 1739, in-12. Il a une pagination spéciale, et doit avoir été imprimé vers 1748. Je le crois de l'auteur des *Écosseuses* : c'est tout à fait le même style.

DRAPEAU (LE) ROUGE DE LA MÈRE DUCHESNE CONTRE LES FACTIEUX ET LES INTRIGANTS, 1er Dialogue. Mars 1792, in-8.

Pièce royaliste, dans le style du *Père Duchesne*.

LES ECOSSEUSES, OU LES ŒUFS DE PAQUES (par le comte de Caylus). Troyes, veuve Oudot, 1739, in-12.

---

(1) Lécluse, ainsi nommé à cause de sa profession de dentiste.

ESPIÈGLERIE (L') AMOUREUSE, OU L'AMOUR MATOIS, opéra bouffon-tragi-comico-poissard, en un acte, mêlé de chansons grivoises sur des airs communs. Joué sur plusieurs théâtres bourgeois. — Le prix est de douze sols. — Aux Porcherons et à Paris, chez Cailleau. S. d. (1761), in-12.

ETRENNES A MM. LES RIBOTEURS. — LES SPIRITUEUX REBUS DE MARGOT LA MAL PEIGNÉE, etc. (Imprimé à la suite de l'édit. du *Déjeuné de la Rapée* de 1755.)

FALOT (LE) DU PEUPLE, OU ENTRETIENS DE MADAME SAUMON, MARCHANDE DE MARÉE, SUR LE PROCÈS DE LOUIS XVI. S. l. n. d. (1793), in-12.

GAZETTE (LA) DES HALLES TOUCHANT LES AFFAIRES DU TEMPS. Paris, 1649, in-4.

GAZETTE (LA) DE LA PLACE MAUBERT, OU SUITTE DE LA GAZETTE DES HALLES TOUCHANT LES AFFAIRES DU TEMPS. Paris, 1649, in-4.

GILLES, GARÇON PEINTRE Z'AMOUREUX ET RIVAL, parade (par Poinsinet le jeune). Paris, 1758, in-8.

GOUTÉ (LE) DES PORCHERONS, OU DISCOURS COMIQUES DES HALLES ET DES PORTS, ENTREMÊLÉ DE PLUSIEURS CHANSONS GRIVOISES, ETC., ETC. LE TOUT POUR SERVIR DE DESSERT AU DÉJEUNÉ DE LA RAPÉE. DE L'IMPRIMERIE DE Mme ENGUEULE... APPROUVÉ PAR LES FORTS DE LA HALLE. S. d. in-12.

GRAND JUGEMENT DE LA MÈRE DUCHESNE, ET NOUVEAU DIALOGUE. S. d. (1792), in-8.
Deux pièces royalistes.

GUINGUETTE (LA) PATRIOTIQUE, ou Dialogue entre les nommés Craquefort, colporteur de Paris, La Verdure, ancien grenadier, le père Colas, laboureur, Réo, maçon, commissionnaire. — Paris, 13 juin 1790, in-8.

HARANGUE DES DAMES DE LA HALLE AUX CITOYENS

DU FAUBOURG SAINT-ANTOINE, prononcée par madame Engueule, le 26 juillet 1786 (lisez 1789). In-8.

IMPROMPTU (L') DES HARENGÈRES, opéra comique ; divertissement à l'occasion de la naissance de Mgr le duc de Berry. S. d. (septembre 1754), in-8.

JOURNAL DES HALLES, ajusté, ravaudé et repaſſé par Josse, écrivain à la Pointe-Saint-Eustache, auteur du *Cahier des plaintes et doléances*, etc. (voyez ce titre). 1790, in-8.

JOURNAL DE LA RAPÉE, OU ÇA IRA, ÇA IRA. 1790. Six numéros.

JUSTIFICATION DES MESSIEURS ET DES DAMES DE LA HALLE SUR LES CRIMES DES 5 ET 6 OCTOBRE. S. d. (1789), in-8. — En vers et en treize couplets.

LETTRES DE MONTMARTRE, PAR M. JEANNOT GEORGIN. (Ant. Urbain Coustelier). Londres, 1750, in-18.

MADAME ENGUEULE OU LES ACCORDS POISSARDS, comédie-parade en un acte (par Boudin). A Congo, 1754, in-8.

MENASSES (LES) DES HARENGÈRES FAITES AUX BOULANGERS DE PARIS, A FAUTE DE PAIN (en vers). Paris, 1649, in-4.

NOCE (LA) DE VILLAGE, comédie (en vers), par M. de Rofimont, comédien du roy pour le comique. Paris, 1705, in-18.

NOUVEAUX BOUQUETS POISSARDS, dédiés à l'Ombre de Vadé. A la Halle, et se trouve chez Cailleau. 1759, in-12.

NOUVEAUX·COMPLIMENTS DE LA PLACE MAUBERT, DES HALLES, CIMETIÈRE SAINT-JEAN, MARCHÉ-NEUF ET AUTRES PLACES PUBLIQUES. ENSEMBLE LA RESJOUISSANCE DES HARANGÈRES ET POISSONNIÈRES FAITE CES JOURS PASSÉS AU GASTEAU DE LEURS REYNES. 1644, in-8.

Nouvelle (La) Troupe, comédie en un acte et en vers, par MM. D*** & A***. Paris, août 1760.

Œil (L') s'ouvre, gare la bombe ! dialogue. Paris, septembre 1791, in-8.

Œuvres complètes de Vadé.

Œuvres poissardes de Vadé et de Lécluse. Didot jéune, An IV (1796), in-4 et in-18.

Le Paquet de mouchoirs, monologue en vaudevilles et en prose, dédié au beau sexe, et enrichi de 103 notes très-curieuses dont on a jugé a propos de laisser 99 en blanc, pour la commodité du lecteur et la propreté des marges. A Calcéopolis, chez Pancrace Bisaigue, rue de la Savaterie ; aux trois escarpins dessolés. 1750. Attribué à Vadé.

Pasquille nouvelle sur les amours de Lucas et Claudine. Troyes, chez la veuve Oudot. S. d., in-18.

Pièces et anecdotes intéressantes, savoir les Harangues des habitants de Sarcelles, un Dialogue des bourgeois de Paris, etc., qui n'ont pas encore été publiées ; le Philotanus et le Porte-feuille du diable, qui en est la suite. Deux parties. (A Aix en Provence, aux dépens des Jésuites, l'an de leur règne 210. — Utrecht, 1755, 2 vol. ou parties, in-12.)

Le Poissardiana, ou les Amours de Royal-Vilain et de Mamzelle Javotte la déhanchée. Dédié a Mgr le Mardi-gras, par M. Fortengueule. 1756, in-12. Il y eut de nombreux écrits de ce genre portant le même titre, quoique différents entre eux. V. à ce sujet mon *Etude*, p. 415-417.

Pompier (L') ou l'Jasement du marais et d'partout, ouvrage en deux morciaux, décoré d'une note si tellement curieuse qu'alle vous apprend comme quoi l's enfans pouvont queuquefois avoir pus d'âge qu'leux père. S. d. (1770), in-8.

Porcherons (Les). Voy. Amusemens rapsodi-poétiques.

PORTIER (LE) DU CLUB DES JACOBINS AUX ARISTO-CRATES. Avril 1790, in-8.

PRÉJUGÉS (LES) DÉMASQUÉS, en vers patois sarcellois. A Port-Mahon, 1756, in-12.

RAPSODIE, OU CHANSONS DES RUES AU SUJET DU MARIAGE DE Mgr LE DAUPHIN (Louis, fils de Louis XV, avec Marie-Thérèse d'Espagne, le 22 février 1745). In-8.

RICHE EN GUEULE, OU LE NOUVEAU VADÉ, contenant les aventures plaisantes et divertissantes du carnaval; précédé de la vie, des amours et de la mort de Mardi-Gras ; suivi de nouveaux dialogues poissards propres à se divertir dans les différentes rencontres de masques, soit dans un bal, soit dans la rue... Le tout... dédié aux dames des halles et marchés, aux lurons de la Râpée et de la Grenouillère, et aux jeunes gens des deux sexes, amis des farces et du plaisir. Paris, quai des Augustins, n° 11. 1821, in-12.

SUITTE DE LA GAZETTE DE LA PLACE MAUBERT, PAR L'AUTHEUR DE LA GAZETTE DES HALLES TOUCHANT LES AFFAIRES DU TEMPS. Paris, 1649, in-4.

THÉATRE DES BOULEVARDS, OU RECUEIL DE PARADES (par Gueulette). A Mahon, de l'imprimerie de Gilles Langlois, à l'enseigne de l'Étrille. 1756, 3 vol. in-12.

TROIS (LES) POISSARDES BUVANT A LA SANTÉ DU TIERS-ÉTAT AU TEMPS DU CARNAVAL. S. d. (1789), in-8.

VERITABLE (LE) GILLES LE NIAIS, en vers burlesques. S. d. (1649), in-4.

VILLE (LA) DE PARIS, en vers burlesques, par le sieur Berthaud, dernière édition, augmentée de nouveau de La Foire Saint-Germain, par le sieur Scarron. — Paris, chez Antoine Raflé, 1665, in-18.

V'LA C'QUI S'EST PASSÉ A LA HALLE, dialogue. 1790, in-8.

WAUX-HALL (Le) POPULAIRE, OU LES FÊTES DE LA
GUINGUETTE, POÈME GRIVOIS ET POISSARDO-LYRI-COMI-
QUE, EN CINQ CHANTS... DÉDIÉ A VOLTAIRE, S. d. in-12.

II.

OUVRAGES ÉCRITS EN LANGAGE COMMUN, AVEC NOMBRE
DE PASSAGE, DE MOTS, DE LOCUTIONS ET DE TOURS
EN PATOIS PARISIEN.

ACCLAMATIONS (LES) DE JOYE DES BONS PARISIENS SUR
L'HEUREUSE ARRIVÉE DE LA PAIX, en vers burlesques.
Paris, 1649, in-4.

ADIEU (L') BURLESQUE DE LA GUERRE A LA FRANCE.
Paris, 1649, in-4.

AGRÉABLE RÉCIT DE CE QUI S'EST PASSÉ AUX DERNIÈRES
BARRICADES DE PARIS, faites le 26 aoufl 1648, descrites
en vers burlesques, reveües et augmentées en ceste
troisiesme édition. A Paris, chez Nicolas Bessin.
1649, in-4.

AMBASSADE BURLESQUE DES FILLES DE JOYE AU
CARDINAL MAZARIN (en vers). 1649, in-4.

AMANT (L') DE RETOUR, comédie en un acte, par
Guillemain. A Londres, & fe trouve à Paris, chez Cailleau. 1782, in-8.

ANTI-MAZARIN, en vers burlesques. Paris, 1649, in-4.

ART (L') DE BIEN PARLER FRANÇOIS, qui comprend
tout ce qui regarde la grammaire, etc., par de La
Touche. Amsterdam, 1596, 2 vol. in-12.

BATTUS (LES) PAYENT L'AMENDE, proverbe-comédie-
parade, ou ce que l'on voudra, en un acte, par Dorvigny. Paris, chez Jorry, 1799, in-8.

BÈZE (Théodore de) : *De francicæ linguæ recta
pronuntiatione, Th. Beza auctore.* — *Berolini*, 1868,
in-12.

La première édition est de 1584.

BOITES (LES), OU LA CONSPIRATION DES MOUCHOIRS, vaudeville en un acte, par Bizet. Paris, an IV, in-8.

BONIFACE POINTU ET SA FAMILLE, comédie en un acte, par Guillemain. A Amsterdam, et se trouve à Paris, chez Cailleau. 1782, in-8.

BONNES GENS (LES), OU BONIFACE, comédie en un acte, par Guillemain. A Paris, chez Cailleau, 1783, in-8.

BRIEF DISCOURS POUR LA RÉFORMATION DES MARIAGES. Paris, 1614, in-8.

BURLESQUE *On* (Le) DE CE TEMPS (en vers). Paris, 1649, in-4.

CADET ROUSSEL MISANTHROPE ET MANON REPENTANTE, folie en un acte, sans nom d'auteur. Paris, an VII, in-8.

Parodie de *Misanthropie et Repentir*.

CADICHON, OU LES BOHÉMIENNES, pièce en un acte, par Pujoulx. Paris, 1792, in-8.

CAFÉ (LE) DES HALLES, comédie en un acte, sans nom d'auteur. Paris, chez Cailleau, 1783, in-8.

CAQUETS (LES) DE L'ACCOUCHÉE. 1622, in-12.

CAUSE (LA) DES FEMMES, comédie. 1687. Dans *Le Théatre italien* de Gherardi, t. II.

CENT ÉCUS (LES), drame comico-poissard, en un acte, par Guillemain. Paris, chez Cailleau, 1784, in-8

CHAMP FLEURY, auquel est contenu l'art et science de la duë et vraie proportion des lettres attiques, et vulgairement lettres romaines, proportionnées selon le visaige et corps humain ; par maistre Geofroy Tory, de Bourges. Paris, 1529, petit in-fol.

CHASSE (LA) AU VIEIL GROGNARD DE L'ANTIQUITÉ. 1622, in-8.

CHRISTOPHE LE ROND, comédie en un acte, par Dorvigny. Paris, chez Cailleau, 1788, in-8.

CLUB (LE) DES BONNES GENS, OU LE CURÉ FRANÇAIS, comédie en deux actes, par le cousin Jacques (Beffroy de Reigny). 1791, in-8.

COLIN QUI LOUE ET DESPITE DIEU EN UNG MOMENT, A CAUSE DE SA FEMME ; à troys perfonnaiges ; dans l'*Ancien Théâtre français*, t. I, p. 224. Édit. Jannet.

COMBAT (LE) DE CYRANO DE BERGERAC AVEC LE SINGE DE BRIOCHÉ. A Paris, chez Maurice Rebuffe le jeune. S. d.

COMÉDIE (LA) DE CHANSONS. 1640.

COMÉDIE (LA) DES COMÉDIENS, tragi-comédie, par le sieur Gougenot, 1633 ; dans l'*Hiftoire du Théâtre français*, t. V, p. 22.

COMÉDIE (LA) DES PROVERBES, par Adrien de Montluc. 1633.

COMMISSAIRE (LE), comédie en un acte, par mademoiselle Candeille. Paris, 27 septembre 1794, in-8.

CONFÉRENCE (LA) DES SERVANTES DE PARIS SOUBS LES CHARNIERS SAINCT-INNOCENT, avec protestations de ferrer la mule ce caresme, pour aller tirer à la blanque à la foire de Sainct-Germain, et de bien faire courir l'ance du panier. A Paris, 1636, in-8.

CONFESSION (LA) MARGOT, à deux personnaiges, dans l'*Ancien Théâtre français*, t. I, p. 372. Édit. Jannet.

CONGÉ (LE) DE L'ARMÉE NORMANDE, en vers burlesques. Paris, 1649. in-4.

CONSEIL (LE) AU NOUVEAU MARIÉ, à deux personnaiges ; dans le même recueil que *La Confession Margot*, t. I, p. 1.

DÉBAT (LE) DE LA NOURRICE ET DE LA CHAMBÉRIÈRE, à troys personnaiges ; dans le même recueil, t. II, p. 417.

DÉROUTE (LA) DES MONOPOLEURS, en vers burlesques. Paris, 1649, in-4.

Deux Commères (Les), divertissement en un acte, par Delautel. Paris, chez Cl. Hérissant, 1765, in-8.

Deux Jocrisses (Les), comédie en un acte, par Ar. Gouffé. Paris, 3 janvier 1796, in-8.

Devin (Le) par hasard, comédie en un acte, par Renout. A Amsterdam, 1783, in-8.

Devis de la langue françoyse a Johanne d'Albret, royne de Navarre, duchesse de Vendosme, etc.. par Abel Matthieu, natif de Chartres. Paris, 1559, in-12.

Dialogue contenant la dispute de la Paix et de la Guerre, en vers burlesques. Paris, 1649, in-4.

Dialogue de l'ortografe et prononciacion françoese, départi en deux livres, par Jaques Peletier, du Mans. A Paris, 1555, in-8.

Différents (Les) des chapons et des coqs touchant l'alliance des poules, avec la conclusion d'iceux ; dans les *Variétés hist. et littér.,* publiées par M. Ed. Fournier, t. IV, p. 227.

Discours de deux marchants frippiers et de deux maistres tailleurs, estant invités a souper chez un honneste marchant. 1614, in-8.

Entrée (L') de M. le marquis de Laboulaye dans la ville du Mans, en vers burlesques. Paris, 1649, in-4.

Équivoques et bizarreries de l'orthographe françoise, avec les moyens d'y remédier, par l'abbé Cherrier. Paris, 1766, in-12.

Estrange (L') Ruse d'un filou habillé en femme, ayant duppé un jeune homme d'assez bon lieu soubs apparence de mariage. S. l. n. d. ; dans les *Variétés hist. et littér.,* publiées par M. Ed. Fournier, t. IV, p. 59.

Farce moralisée, à quatre personnaiges. *Ibid.,* t. I, p. 212.

FARCE NOUVELLE D'UN AMOUREUX, à quatre personnages. *Ibid.*,t. I, p. 212.

FARCE NOUVELLE (DU BADIN QUI SE LOUE), à quatre personnaiges. *Idid.*, t.. I, p. 179.

FARCE NOUVELLE DES CHAMBÉRIÈRES qui vont à la messe de cinq heures, pour avoir de l'eaue béniste. *Ibid.*, t. II, p. 435.

FARCE NOUVELLE (DU CHAULDRONNIER) à trois personnaiges. *Ibid.*, t. II, p. 115.

FARCE NOUVELLE DES CINQ SENS DE L'HOMME, à sept personnaiges; dans l'*Ancien Théâtre français*, t. III, p. 300. Edit. Jannet.

FARCE NOUVELLE DE COLIN, FILZ DE THÉVOT LE MAIRE, à quatre personnaiges. 1542. *Ibid.*, t. II, p. 388.

FARCE NOUVELLE (DU COUSTURIER), à quatre personnaiges. *Ibid.*, t. II, p. 158.

FARCE NOUVELLE DU CUVIER, à troys personnaiges. *Ibid.*,t. I, p. 32.

FARCE NOUVELLE DES FEMMES QUI DEMANDENT LES ARRÉRAGES DE LEURS MARIS ET LES FONT OBLIGER PAR *nifi*; à cinq personnaiges. *Ibid.*, t. I, p. 111.

FARCE NOUVELLE DES FEMMES QUI FONT ESCURER LEURS CHAULDERONS, ET DEFFENDENT QUE ON NE METTE LA PIÈCE AU LONG DU TROU. *Ibid.*, t. II, p. 90..

FARCE NOUVELLE DE FOLLE BOMBANCE, à quatre personnaiges. *Ibid.*, t. II, p. 264.

FARCE NOUVELLE (D'UN GENTILHOMME), à quatre personnaiges. *Ibid.*, t. I, p. 250.

FARCE DU GAUDISSEUR QUI SE VANTE DE SES FAICTS ET UNG SOT QUI LUY RESPOND AU CONTRAIRE. *Ibid.*, t. II, p. 292.

FARCE NOUVELLE (DU GOUTEUX), à troys personnaiges. *Ibid.*, t. II, p. 176.

FARCE NOUVELLE DU FRÈRE GUILLEBERT, à quatre personnaiges. *Ibid.*, t. I, p. 3o5.

FARCE NOUVELLE DE JÉNINOT, à trois personnaiges. *Ibid.*, t. I, p. 289.

FARCE NOUVELLE (DE JOLYET), à troys perſonnaiges. *Ibid.*, t. I, p. 5o.

FARCE JOYEUSE DE MAISTRE MIMIN, à six perſonnaiges. *Ibid.*, t. II, p. 338.

FARCE NOUVELLE (DE MARCHANDISE), à cinq personnaiges. *Ibid.*, t. III, p. 249.

FARCE NOUVELLE DU NOUVEAU MARIÉ QUI NE PEULT FOURNIR A L'APPOINCTEMENT DE SA FEMME, à quatre personnaiges. *Ibid.*, t. I, p. 11.

FARCE NOUVELLE DE L'OBSTINATION DES FEMMES, à deux personnaiges. *Ibid.*, t. I, p. 21.

FARCE NOUVELLE DU PECT, à quatre personnaiges. *Ibid.*, t. I, p. 94.

FARCE NOUVELLE DU PASTÉ ET DE LA TARTE, à quatre personnaiges. *Ibid.*, t. II, p. 64.

FARCE NOUVELLE DE PERNET QUI VA A L'ESCOLLE, à trois personnaiges. *Ibid.*, t. II, p. 364.

FARCE NOUVELLE DU PONT AUX ASGNES, à quatre personnaiges. *Ibid.*, t. II, p. 35.

FARCE NOUVELLE D'UNG RAMONEUX DE CHEMINÉES, à quatre personnaiges. *Ibid.*, t. II, p. 189.

FARCE NOUVELLE DE LA RÉSURRECTION DE JENIN LANDORE, à quatre personnaiges. *Ibid.*, t. II, p. 21.

FARCE NOUVELLE D'UNG SAVETIER NOMMÉ CALBAIN, à troys personnaiges. *Ibid.*, t. II, p. 140.

FARCE NOUVELLE D'UNG QUI SE FAICT EXAMINER POUR ESTRE PREBSTRE, à troys personnaiges. *Ib.*, t. II, p. 373.

FARCE D'UNG MARY JALOUX QUI VEULT ESPROUVER SA FEMME, à quatre personnaiges. *Ibid.*, t. I, p. 128.

FAUX (LE) TALISMAN, OU RIRA BIEN QUI RIRA LE DER-
NIER, comédie-proverbe en un acte, par Guillemain.
A Avignon, 1791, in-8.

FILLE SOLDAT (LA), comédie en un acte, par
Desfontaines. Paris, 3 janvier 1796, in-8.

FORCE (LA) DE L'HABITUDE, OU LE MARIAGE DU PÈRE
DUCHESNE, comédie en deux actes. Paris, 1793, in-8.

FOU (LE) RETROUVÉ, OU AVIS AU COMMANDANT DU
CHATEAU DES ISLES SAINTE-MARGUERITE. En Provence,
et se distribue gratis, rue Bertin-Poirée, 1789, in-8.

GALANT SAVETIER (LE), comédie-parade en un acte,
par Saint Firmin. Paris, chez Barba, an X, in-8.

*Gallicæ linguæ institutio latino sermone conscripta
per Joannem Pillotum Barrensem. Parisiis,* 1581,
in-8.

GRAMMAIRE ET SYNTAXE FRANÇOISE, contenant
reigles bien exactes et certaines de la prononciation,
orthographe, etc., par Charles Maupas, bloisien ; 3º
édition. — Rouen, 1632, in-12.

GRAMMAIRE FRANÇOISE RAPPORTÉE AU LANGAGE DU
TEMPS, par Anthoine Oudin, secrétaire interprète de
Sa Majesté, reveuë et augmentée de beaucoup en cette
dernière édition. Rouen, 1656, in-8.

HAYNE (LA) IRRÉCONCILIABLE DE LA PAIX ET DE LA
GUERRE, en vers burlesques. Paris, 1649, in-4.

*Hypomneses de gallica lingua peregrinis eam
discentibus necessariæ..., autore H. Stephano.* 1582,
in-12.

IL Y A DU REMÈDE A TOUT, OU LE BON PARENT,
comédie-proverbe en un acte, par Pompigny. Paris,
chez Cailleau, 1792, in-8.

*In linguam gallicam Isagogue, una cum ejusdem
grammatica-latina-gallica, ex Hebræis, Græcis et*

Latinis authoribus (par Jacques Dubois dit *Sylvius*). *Parisiis*, 1531, in-4.

INTÉRIEUR (L') DES COMITÉS RÉVOLUTIONNAIRES, comédie en trois actes, par Ducancel. Paris, an III, in-8.

JACQUOT ET COLAS, DUELLISTES, comédie en un acte (par Dancourt, de Berlin). Paris, chez Delavigne fils. 1783, in-8.

LETTRE D'ÉCORNIFLERIE ET DÉCLARATION DE CEUX QUI N'EN DOIVENT JOUYR. À Paris, s. d.

Gouget (*Bibl. françoise*, t. x, p. 95) rapporte cette pièce aux années 1507 ou 1508 « à peu près. » Il indique l'édition in-12.

LETTRE D'UN GENTILHOMME FRANÇOIS A DAME JACQUETTE CLÉMENT, PRINCESSE BOITEUSE DE LA LIGUE. De Sainct-Denis en France, le 25 d'aouſt 1590. In-8.

LETTRE A M. LE CARDINAL BURLESQUE. Paris, 1649, in-4.

LETTRE DE REMERCIEMENT ENVOYÉE AU CARDINAL MAZARIN... AVEC LA HARANGUE DE DAME DENISE. Paris, 1651, in-4.

MAISTRES (LES) D'HOSTEL AUX HALLES ; LE CAVALIER CROTEXTE (grotesque) ET L'APOTICHAIRE EMPOISONNÉ. Nouvelles comiques. A Paris, chez J-B. Loyson. 1671, in-18.

MALTOTE (LA) DES CUISINIÈRES, OU LA MANIÈRE DE FERRER LA MULE, dialogue entre une vieille cuisinière et une jeune servante. S. l. n. d.; dans *Varietés hist. et littér.*, publiées par Ed. Fournier, t. V, p. 243.

MANIÈRE (LA) DE BIEN TRADUIRE D'UNE LANGUE EN UNE AUTRE (par Estienne Dolet) Caen, 1550, in-8.

MARCHANDES (LES) DE LA HALLE, comédie en un acte, par Demautort. Paris, messidor an III, in-8.

MARIAGE (LE) DE JANOT AVEC LA PANTOMINE DES OMBRES, comédie en un acte, en vers et en prose, par Guillemain. Paris, chez Cailleau, 1783, in-8.

MICARESME (LA) DES HARANGÈRES, OU LEUR ENTRETIEN SUR LES AFFAIRES DE L'ESTAT. 1649, in-4.

MORALITÉ NOUVELLE... DE CHARITÉ, à douze personnaiges ; dans l'*Ancien Théâtre français*, t.III, p. 337. Edit Jannet.

MORALITÉ NOUVELLE D'UNG EMPEREUR, à dix personnaiges. *Ibid.*, t. III, p. 127.

MORALITÉ NOUVELLE DES ENFANS DE MAINTENANT. *Ibid.*, t. III, p. 5.

NICAISE, opéra comique, par Vadé. Paris, 7 février 1756, in-8.

NOCTURNE (LE) ENLÈVEMENT DU ROY HORS PARIS, en vers burlesques. 1649, in-4.

NOUVELLE (LA) BASTIENNE, opéra comique, par Vadé. Paris, 17 septembre 1754.

OUI OU NON, comédie en un acte, par Dorvigny. A Amsterdam, et se trouve à Paris, chez la veuve Ballard & fils. 1780, in-8.

PETITE NANETTE (LA), comédie en deux actes, par le cousin Jacques (Befroy de Reigny). Paris, novembre 1796, in-8.

PLAINTES DU CARNAVAL ET DE LA FOIRE SAINT-GERMAIN, en vers burlesques. 1649, in-4.

PROCÈS (LE) DU CHAT, OU LE SAVETIER ARBITRE, en un acte, mêlé de vaudevilles, par MM. D... T... Taconnet). Paris, 1767, in-8.

Pronuntiatione (De) linguæ gallicæ libri duo. Ad illustrissimam simul que doctissimam Elisabetham Anglorum reginam.., auctore Claudio à Sancto-Vinculo (Claude de Saint-Lien). — *Londini*, 1580, in-12.

QUELQUES AVANTURES DES BALS DE BOIS. S. l. Chez Guillaume Dindon, 1745, in-12.

Je crois que cet opuscule est de Caylus. Il se trouve dans ses *Œuvres badines.*

RABAIS (LE) DU PAIN, en vers burlesques. 1649, in-4.

RÉCLAMATION DE TOUTES LES POISSARDES AVEC UN PETIT MOT A LA GLOIRE DE NOTRE BONNE DUCHESSE D'ORLÉANS. Paris, chez Guillaume Junior. S. d. (1789), in-8.

RÈGLEMENT D'ACCORD SUR LA PRÉFÉRENCE DES SAVE-TIERS-CORDONNIERS. A Paris, 1635, in-8.

RÉJOUISSANCE (LA) DES FEMMES SUR LA DEFFENCE DES TAVERNES ET CABARETS. A Paris, 1613, in-8.

REMONSTRANCE A MONSIEUR LE CARDINAL BURLESQUE. 1649, in-4.

RESPONCE (LA) DES SERVANTES AUX LANGUES CALOM-NIEUSES qui ont frollé sur l'ance du panier ce caresme, avec l'Advertissement des servantes bien mariées et mal pourveues, à celles qui sont à marier. A Paris, 1636, in-8.

RETOUR (LE) ET RESTABLISSEMENT DES ARTS ET MES-TIERS, en vers burlesques. Paris, 1649, in-4.

RÉVÉLATION DU JEUSNEUR OU VENDEUR DE GRIS, esta-bly dans le parvis Nostre-Dame, contenant les remèdes nécessaires à la maladie de l'Estat. 1649, in-4. — Suite de la Révélation, ou deuxiesme oracle rendu par le Jeusneur, etc. 1649, in-4.

SATYRIQUE (LE), OU LE MAZARIN MÉTAMORPHOSÉ. 1649, in-4.

SERMON JOYEUX DE BIEN BOYRE, à deux personnai-ges; dans l'*Ancien Théâtre français*, t. II, p. 5. Édit. Jannet.

SERMON JOYEUX ET DE GRANDE VALUE. *Ibid.*, t. II. p. 207.

SERMON DU CORDELIER AUX SOLDATS, ENSEMBLE LA RESPONCE DES SOLDATS AU CORDELIER, recueillis de plusieurs bons autheurs catholiques. A Paris, 1612, in-8.

SIÉGE (LE) D'AUBERVILLIERS, en vers burlesques. 1649, in-4.

SOLDAT (LE) EN PEINE DE PRENDRE PARTI. 1649, in-4.

SONGE BURLESQUE DE POLICHINELLE SUR LE DESPART DE JULES MAZARIN. 1649, in-4.

SOTTIE NOUVELLE (DU ROY DES SOTZ), à six person-naiges ; dans l'*Ancien Théâtre français*, t. II, p. 223. Édit. Jannet.

SOTTIE NOUVELLE DES TROMPEURS, à cinq person-naiges. *Ibid.*, t. II, p. 244.

SURPRISE (LA) ET LA FUSTIGATION D'ANGOULEVENT, poème héroïque, adressé au comte de Permission, par l'archipoëte des pois pilez. A Paris, 1603, in-8.

THÉATRE ITALIEN DE GHERARDI (1691-1697). Paris, 1700, in-12.

VILLON. Les Œuvres de Francoys Villon de Paris, revues et remises en leur entier par Clément Marot, valet de chambre du Roy. On les vend à Paris, à la Grand'Salle du Palais, au premier et deuxiesme pilliers ; par Arnoul et Charles les Angeliers, frères. S. d. (Postérieur à 1532). In-24.

VRAYE PRONOSTICATION DE MAISTRE GONIN POUR LES MAL-MARIEZ, PLATES-BOURSES ET MORFONDUS, ET LEUR REPENTIR. A Paris, 1615, in-8.

ARRAS. — TYP. SCHOUTHEER, RUE DES TROIS-VISAGES, 53.

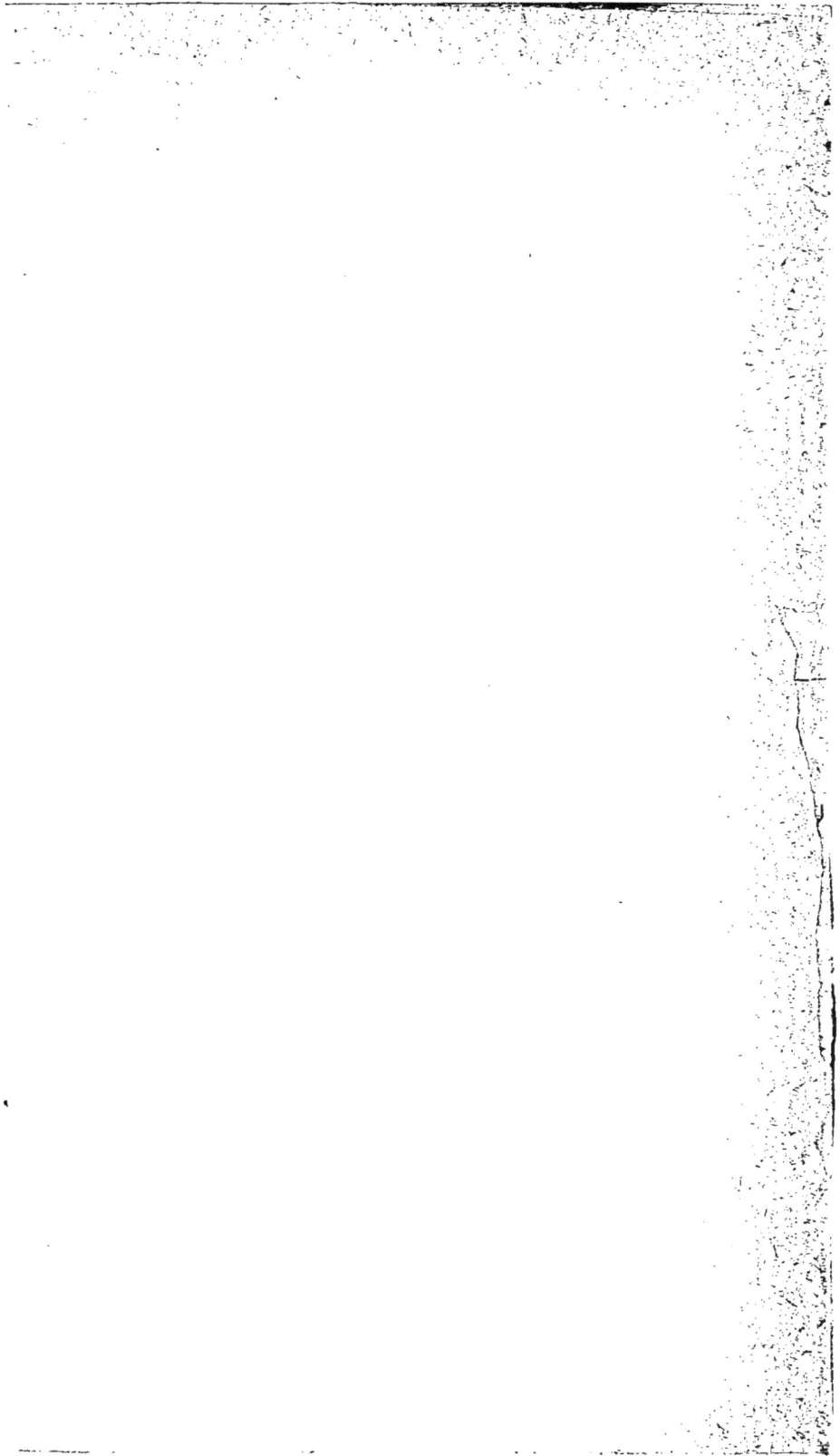

www.ingramcontent.com/pod-product-compliance
Lightning Source LLC
Chambersburg PA
CBHW061010280326
41935CB00009B/902